COURS ÉLÉMENTAIRE

DE DESSIN

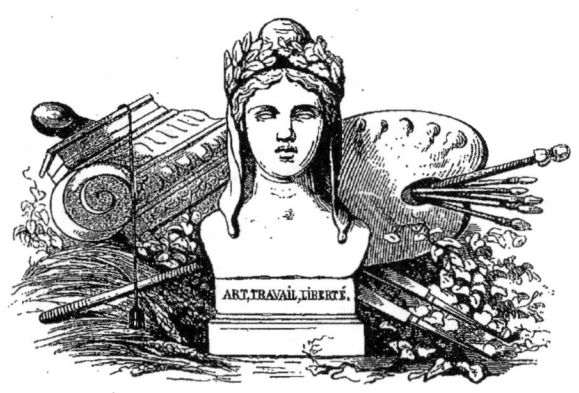

ARCHITECTURE, SCULPTURE, PEINTURE

PARIS. — IMPRIMERIE DE E. MARTINET, RUE MIGNON, 2.

QUATRIÈME ÉDITION

COURS ÉLÉMENTAIRE
DE DESSIN

APPLIQUÉ

A L'ARCHITECTURE, A LA SCULPTURE, A LA PEINTURE

AINSI QU'A TOUS LES ARTS INDUSTRIELS

COMPRENANT

Les éléments de la Géométrie
de la Perspective, du Dessin, de la Mécanique, de l'Architecture
de la Sculpture et de la Peinture

PAR

ANTOINE ETEX

STATUAIRE-ARCHITECTE ET PEINTRE

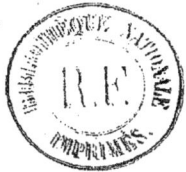

AVEC TEXTE DE L'AUTEUR

LA GRANDE ÉDITION SE COMPOSE DE 50 PLANCHES DESSINÉES, GRAVÉES ET LITHOGRAPHIÉES
D'APRÈS LES PLUS GRANDS MAITRES

DESSINEZ! DESSINEZ! DESSINEZ
Dessiner, c'est écrire dans toutes les langues, c'est écrire pour tous les yeux. Dessiner, c'est à la fois peindre et sculpter! Apprendre à dessiner par la géométrie, c'est apprendre à rectifier le jugement par les yeux, c'est apprendre à voir juste.

PARIS
LIBRAIRIE RENOUARD
HENRI LOONES, SUCCESSEUR
6, RUE DE TOURNON, 6

1877

AVANT-PROPOS

Cet ouvrage est le résultat de quarante années d'études et de travaux sérieux. Avant de le livrer au public, nous nous sommes assuré que rien de ce que nous conseillons n'est hasardé. Nous avons consulté les hommes les plus compétents : ils ont approuvé nos efforts.

Dans ce modeste travail, tout ce qui est indispensable à connaître pour comprendre l'art a été successivement abordé par l'auteur; dans ce traité élémentaire, il passe en revue tout ce qu'il a été obligé d'apprendre pour comprendre.

Pour plus de sûreté, avant de livrer au public les fruits de sa propre expérience, il est remonté à la source la plus pure, aux grands maîtres des temps passés, à ceux dont le génie incontestable, incontesté, rayonne sur le monde.

L'auteur a eu l'extrême joie de voir que tout ce qu'il avait été obligé d'apprendre souvent tout seul, d'instinct, successivement, péniblement, en cherchant, en tâtonnant, quelquefois par révélation, était enseigné parfaitement, positivement enseigné par les mêmes lois à Athènes, il y a deux mille ans; que Phidias, Apelle, Léonard de Vinci et Raphaël avaient retrouvé les mêmes règles, obéissaient aux mêmes lois (LES PRÉCEPTES DE PAMPHILE, LES TROIS VOLUMES D'APELLE DONT PARLE PLINE, LE TRAITÉ DE LÉONARD DE VINCI, ET TANT D'AUTRES ENCORE PROUVENT EN FAVEUR DE CE QUE L'EXPÉRIENCE NOUS A ENSEIGNÉ).

Convaincu de cette vérité, nous avons pensé rendre un service véritable en publiant ce travail. Puisse le public comprendre la sincérité de nos intentions! Puisse cet ouvrage consciencieux aplanir les difficultés non-seulement à ceux qui se destinent à la carrière des Beaux-Arts, MAIS A TOUS! car tous devraient jouir de la chaleur bienfaisante de l'admiration pour ce qui est beau dans la nature, comme pour ce qui est beau par le génie des hommes qui ont su la traduire.

Nous offrons cette quatrième édition au public, le cœur plein de reconnaissance pour les encouragements qui nous ont été donnés par les savants et par les artistes les plus éminents. Nous avions demandé des observations, afin d'en faire profiter ceux qui liront cet ouvrage; au lieu de critiques, nous n'avons reçu que des prières d'imprimer une quatrième édition dans des conditions telles que chacun puisse se la procurer. Nous avons accédé à ce désir, avec la conviction de répandre de saines doctrines sur l'enseignement du dessin appliqué aux arts et à l'industrie (1).

---

(1) Si notre *Cours élémentaire de dessin* a fait peu de bruit, lors de la publication de la première édition en 1851, nos idées n'en ont pas moins fait leur chemin. Depuis que cet ouvrage a paru, l'enseignement des beaux-arts s'est singulièrement modifié, même dans les écoles du gouvernement. Nous sommes heureux d'emprunter au *Moniteur* le discours remarquable prononcé par M. le ministre d'État, le 26 décembre 1858, à la distribution des prix de l'École des beaux-arts.

Discours de M. Fould, ministre d'État.

« Messieurs,

» En venant au milieu de vous distribuer aux plus laborieux et aux plus distingués les récompenses dues à leur travail, j'aime à constater tout d'abord les constants efforts faits par vos maîtres dans ces dernières années pour donner la meilleure direction à vos études et maintenir la haute réputation de cette École. Pendant cette période, à travers des circonstances diverses, souvent heureuses, quelquefois contraires, mais toujours dominées par la sagesse du Souverain qui nous gouverne, j'ai suivi avec attention le cours de vos travaux, et j'ai saisi toutes les occasions de vous donner des preuves de la sollicitude du Gouvernement. Les nouvelles dispositions qui s'exécutent en ce moment dans cet édifice, l'amélioration apportée à la situation des pensionnaires de l'Académie nationale de France à Rome, les commandes et les encouragements qui vont au-devant du mérite vous sont un sûr garant de l'intérêt qu'inspirent vos études.

» Je me plais à reconnaître, avec votre rapporteur, que vos travaux sont en progrès sur les années précédentes. Les concours dénotent chez plusieurs élèves des qualités précieuses, chez presque tous ce vif désir de bien faire qui est un des éléments du succès. C'est pour seconder ce désir, pour le diriger utilement, que je vous engage à éviter un écueil dans lequel on est trop disposé à tomber de nos jours. On néglige la synthèse de l'art. Chacun s'isole dans son travail, s'applique à acquérir l'habileté pratique, fuit la pensée et n'a nulle préoccupation de ce qui n'est pas exclusivement du domaine de sa spécialité. C'est là, messieurs, une des tendances les plus fâcheuses de l'art, car elle s'oppose à ce que les œuvres de notre époque présentent un caractère d'ensemble et d'harmonie.

» Sans confondre le peintre avec le statuaire ou l'architecte, je voudrais vous voir généraliser davantage vos études, et vous renfermer moins dans ce qui vous agrée le plus. J'aimerais qu'un bon architecte pût, sinon exécuter, du moins juger avec autorité les œuvres du statuaire ou du peintre qu'il appelle à orner ses édifices. Je voudrais qu'à leur tour le peintre et le sculpteur, initiés aux règles de l'architecture, sussent approprier aux lieux qui doivent les recevoir des travaux dont l'effet à leur place définitive est souvent bien différent de celui qu'ils produisent à l'atelier. On atteindrait ainsi, dans nos monuments, l'harmonie et l'unité qui sont la vraie beauté et la vraie grandeur. Il n'en est pas des arts comme de l'industrie, où la division du travail opère des prodiges. Dans les arts, la perfection d'un ensemble ne résulte pas de la perfection de chacune de ses parties. Une œuvre d'art n'est pas tout à fait une chose inanimée, la vie y existe réellement ; c'est ce sentiment qui procède de l'inspiration et qui se retrouve partout, sans qu'on puisse le préciser nulle part. Les anciens n'ont brillé par l'art d'animer leurs œuvres que parce qu'ils possédaient cette instruction générale et complète que donnent de fortes études. Pour ne vous rappeler que les plus éclatants modèles, Léonard de Vinci était aussi excellent sculpteur que grand peintre et joignait à la pratique de ces deux arts des connaissances presque universelles. Michel-Ange, le peintre du Jugement dernier, a édifié Saint-Pierre de Rome et décoré de sculptures incomparables cette chapelle des Princes, dont il avait dirigé la construction. Raphaël lui-même, le premier des peintres, dont les jours peuvent se compter par des chefs-d'œuvre, a laissé, comme architecte, plusieurs monuments qui aujourd'hui servent encore de modèles.

» Je souhaite que ces illustres exemples restent présents à la mémoire de ceux d'entre vous qui vont aller compléter leurs études dans notre Académie de Rome. Ils puiseront dans la contemplation des chefs-d'œuvre que renferme l'antique métropole des arts ce sentiment du goût, de l'ensemble et de l'harmonie sans lequel il n'y a pas de véritable artiste. » (1)

---

(1) Ce discours a été écrit par le Ministre, ayant lu et étudié mon cours de Dessin, et l'ayant sous les yeux : c'est de M. de Mercey, directeur des Beaux-Arts alors, que je le tiens, et qui me l'a assuré, le 28 décembre 1858.

TABLE DES MATIÈRES

Éléments de géométrie. 1
Perspective 7
Mécanique. 27
Architecture. 30
Dessin. 36
Sculpture 45
Peinture. 55
De la peinture des anciens. 74
Résumé. 81
APPENDICE. 85

COURS ÉLÉMENTAIRE
DE DESSIN.

ÉLÉMENTS
DE GÉOMÉTRIE.

En toutes choses, avant d'opérer, il faut réfléchir, savoir ce que l'on veut faire. Vous voulez apprendre à dessiner, commencez par apprendre les éléments de la géométrie ; car toutes les formes que vous aurez à représenter par le dessin, depuis la plus simple jusqu'à la plus composée, sont des formes géométriques.

Fig. 1.

Fig. 2.

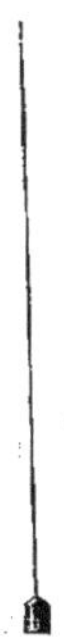

Tout ce qui apparaît à nos yeux dans la nature, animaux, végétaux, minéraux, terrains, pierres, etc., tout corps solide porte, s'appuie, s'élève sur une ligne principale, qui est la ligne horizontale (fig. 1), base de toutes les opérations du dessin.

(Fig. 2.) Une autre ligne importante nous frappe immédiatement : c'est la ligne verticale (ou aplomb). Si la ligne horizontale est la base de toute forme, la ligne verticale en est le centre ; nulle figure n'existe dans le dessin sans participer de ces deux lignes, sans être soumise à la loi de ces deux lignes.

ÉLÉMENTS DE GÉOMÉTRIE.

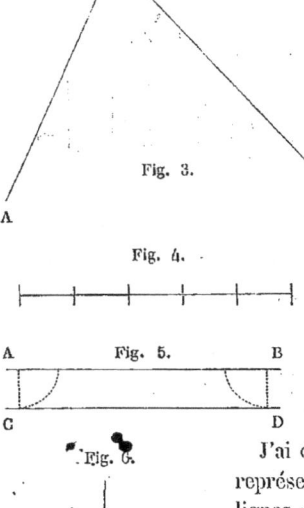

Fig. 3.

Fig. 4.

Fig. 5.

(Fig. 3.) La ligne oblique vient ensuite, mais elle n'a plus cette qualité absolue des deux autres, puisqu'elle peut être plus ou moins inclinée : les lignes A et B sont des lignes obliques. Avec ces trois lignes, horizontale, verticale et oblique, vous pouvez esquisser toutes les figures géométriques.

(Fig. 4.) Si vous divisez la ligne droite verticale, horizontale ou oblique, en autant de parties égales que vous voudrez, vous ferez une échelle.

(Fig. 5.) Les lignes sont parallèles lorsqu'elles sont équidistantes : les lignes AB, CD, sont des lignes parallèles.

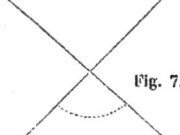

Fig. 6.

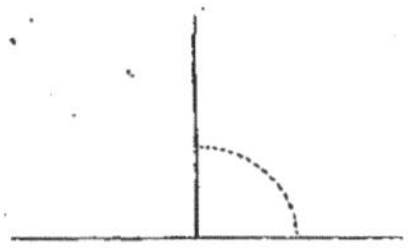

J'ai dit que tout corps naturel, toute forme à représenter par le dessin, était composée des trois lignes : horizontale, verticale et oblique. Si, sur la ligne horizontale, j'abaisse la ligne verticale ou aplomb, je forme l'angle droit (fig. 6) ou angle à 90 degrés d'ouverture ; toute ligne abaissée perpendiculairement sur une autre ligne quelconque, horizontale ou inclinée, donne également un angle à 90 degrés.

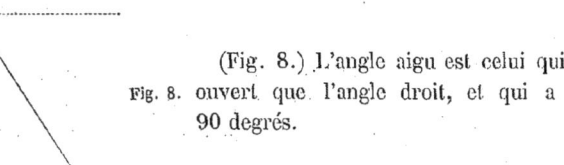

Fig. 7.   La figure 7 forme également des angles droits.

Fig. 8. (Fig. 8.) L'angle aigu est celui qui est moins ouvert que l'angle droit, et qui a moins de 90 degrés.

ÉLÉMENTS DE GÉOMÉTRIE.

Fig. 9.

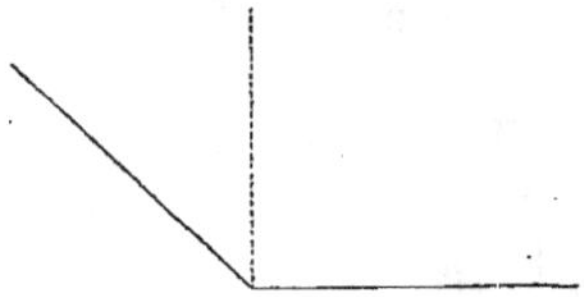

(Fig. 9.) L'angle obtus, celui qui a plus de 90 degrés : ainsi, un compas, qui se compose de deux lignes réunies en un point fixe, forme, en l'ouvrant ou le fermant, les trois angles ci-dessus désignés.

Le sommet d'un angle est le point de réunion des deux lignes, le point où elles se rencontrent.

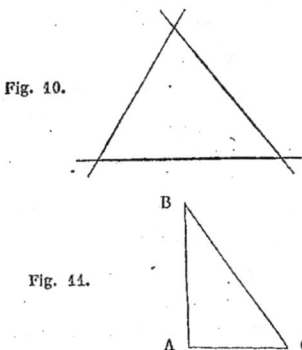

Fig. 10.

(Fig. 10.) Le triangle est une figure composée de trois lignes, de trois angles et de trois côtés.

Il y a quatre triangles.

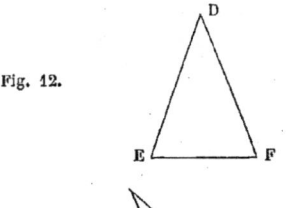

Fig. 11.

(Fig. 11.) Le triangle ABC, qui a un angle droit A, formé des deux côtés AB, AC, perpendiculaires entre eux, s'appelle *triangle rectangle ;* on appelle *hypoténuse* le plus grand côté du triangle rectangle qui est opposé à l'angle droit.

Fig. 12.

(Fig. 12.) Le triangle DEF, qui a deux côtés égaux, est appelé *triangle isocèle.*

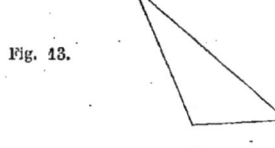

Fig. 13.

(Fig. 13.) Le triangle *scalène* est celui qui a ses trois côtés inégaux.

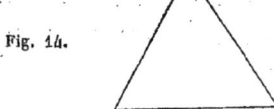

Fig. 14.

(Fig. 14.) Le triangle *équilatéral* celui qui a ses trois côtés égaux.

ÉLÉMENTS DE GÉOMETRIE.

Fig. 15 et 16.

(Fig. 15.) Un *quadrilatère* est une figure à quatre côtés.

(Fig. 16.) Le *rectangle*, ou carré long, a quatre angles droits formés par les côtés opposés qui sont parallèles.

Fig. 17.

(Fig. 17.) Le *carré* est un quadrilatère qui a, comme le rectangle, les quatre angles droits; mais, de plus, il a les quatre côtés égaux.

Fig. 18.

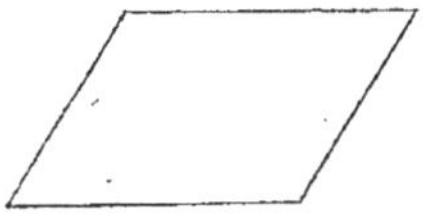

(Fig. 18.) Le *parallélogramme* est un quadrilatère dont les côtés opposés sont parallèles.

Fig. 19.

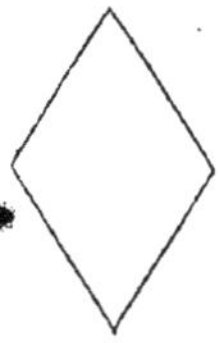

(Fig. 19.) Le *losange* est comme le parallélogramme; il a de plus les côtés égaux.

Fig. 20.

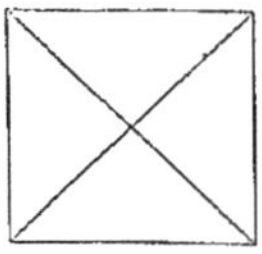

(Fig. 20.) La diagonale est la ligne qui réunit les sommets de deux angles opposés en traversant la figure : ces lignes sont très usitées dans les arts.

Fig. 21.

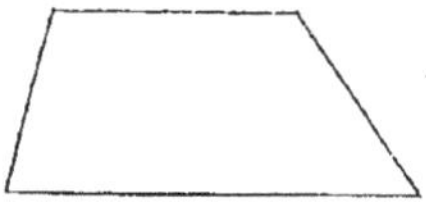

(Fig. 21.) Le trapèze est une figure à quatre côtés, dont deux seulement sont parallèles.

Fig. 22.

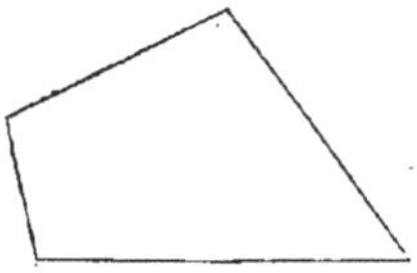

(Fig. 22.) Le polygone a quatre côtés irréguliers, sans angles droits ni côtés parallèles.

ÉLÉMENTS DE GÉOMÉTRIE.   5

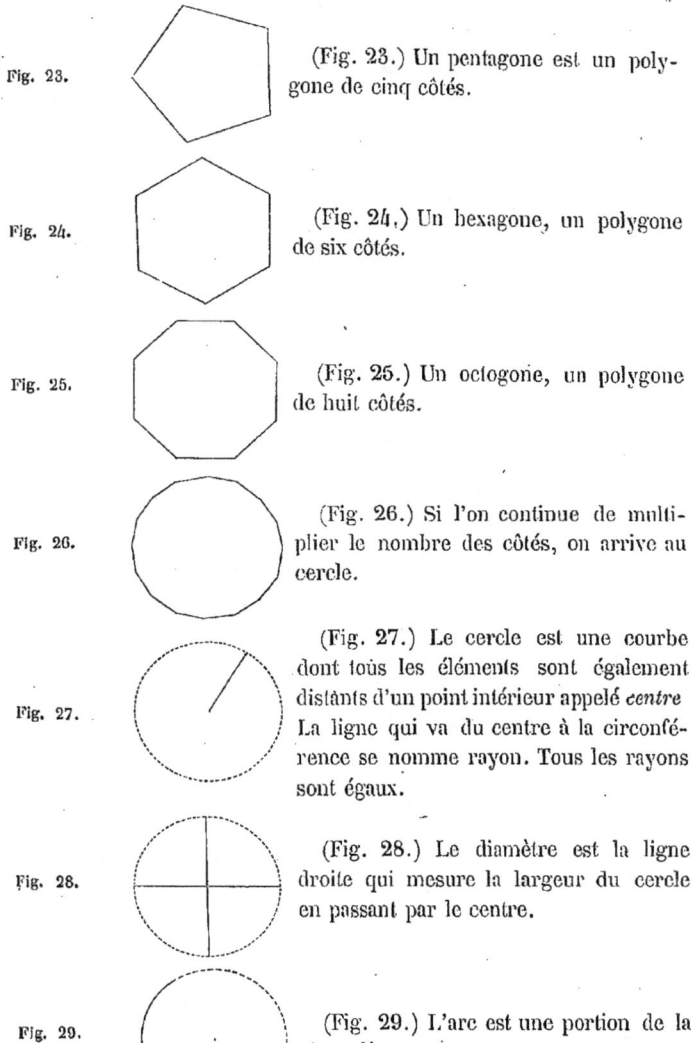

Fig. 23.   (Fig. 23.) Un pentagone est un polygone de cinq côtés.

Fig. 24.   (Fig. 24.) Un hexagone, un polygone de six côtés.

Fig. 25.   (Fig. 25.) Un octogone, un polygone de huit côtés.

Fig. 26.   (Fig. 26.) Si l'on continue de multiplier le nombre des côtés, on arrive au cercle.

Fig. 27.   (Fig. 27.) Le cercle est une courbe dont tous les éléments sont également distants d'un point intérieur appelé *centre*. La ligne qui va du centre à la circonférence se nomme rayon. Tous les rayons sont égaux.

Fig. 28.   (Fig. 28.) Le diamètre est la ligne droite qui mesure la largeur du cercle en passant par le centre.

Fig. 29.   (Fig. 29.) L'arc est une portion de la circonférence.

Fig. 30.

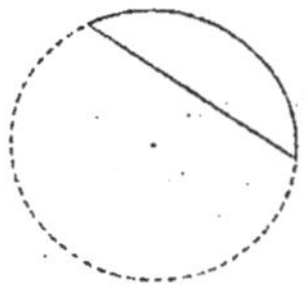

(Fig. 30.) La ligne droite qui joint les extrémités d'un même arc se nomme corde.

Fig. 31.

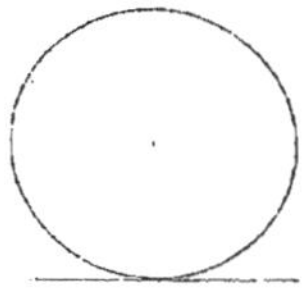

(Fig. 31.) La tangente est une ligne qui ne touche le cercle qu'en un point seulement.

PERSPECTIVE.

La perspective est la partie scientifique de l'art du dessin qui a pour but de mettre les objets à la place, à la distance où nous voulons les représenter sur un tableau. Cette science, qui tient à l'optique, nous donne le moyen de fixer sur un plan vertical les objets que les rayons visuels de notre œil rencontrent. Deux points principaux servent à cette opération : le point de vue et le point de distance ; puis un troisième, le point accidentel. Tout objet, quelque considérable qu'il soit, fût-ce un monument immense, une ville entière même, diminue à mesure qu'il s'éloigne de notre œil, ne semble plus être qu'un point dans l'espace, puis disparaît complétement à nos yeux.

Il faut supposer, pour placer les objets que nous avons à représenter dans un tableau, que ce tableau est transparent ; que le site, que la figure, que la scène que nous voulons peindre se trouve derrière, et que, en les traçant comme un calque que nous ferions sur une vitre, nous allons les y fixer.

Mais, comme il nous est impossible d'opérer ainsi, il faut nous servir des moyens qui nous sont offerts par la science de la perspective.

PLANCHE I.

(Fig. 1.) Du point de vue. — Le point de vue V représente le point où notre œil se fixe sur la ligne de l'horizon. Deux lignes perpendiculaires au plan du tableau donnent pour perspective deux droites qui viennent concourir au point principal, au point de fuite V.

8 PERSPECTIVE.

Là est tout le secret de la perspective; car, je le répète, en s'éloignant de nous, tous les corps semblent perdre de leur valeur, puis paraissent se réduire à un point, et enfin se dérobent complétement à notre œil.

Planche I, fig. 1.

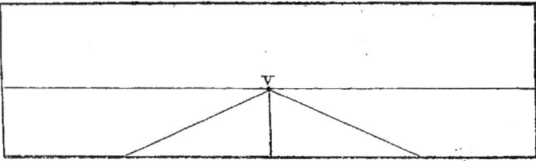

Fig. 2.

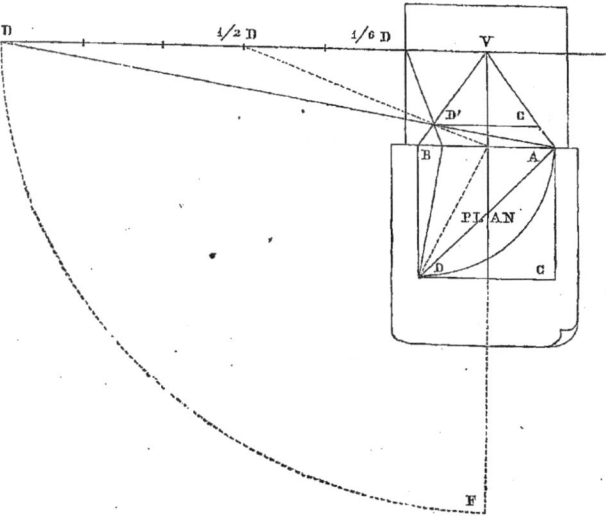

(Fig. 2.) Du POINT DE DISTANCE. — Le point de distance sert à trouver les profondeurs. — *Exemple :* Voulant mettre en perspective le carré ABCD figuré au plan placé au-dessous de notre tableau, du point A et du point B nous menons les deux lignes au point V placé sur la ligne de l'horizon en face du spectateur ; ce qui donne la fuite ou perspective des deux lignes AC, BD. Voulant ensuite trouver la profondeur du carré mis en perspective, nous cherchons la direction perspective de la diagonale qui va, elle, toujours tendre au point de distance, et sa rencontre avec la ligne BV nous donne la fuite ou perspective du point D. Tirant de ce point *d* une ligne parallèle à la ligne de terre, nous avons le carré ABCD mis en perspective.

La distance est l'éloignement du spectateur au tableau reporté à droite ou à gauche, à partir du point de vue. — *Exemple :* L'éloignement VF du spectateur au tableau est reporté avec un compas ; il nous donne le point de fuite des diagonales, comme le point de vue V nous a donné la fuite des deux parallèles A, B, perpendiculaires au tableau.

On peut opérer par la demie, par le tiers, par le quart et par le sixième de la distance, le point étant souvent inaccessible ; dans ce cas-là, il faut fractionner l'opération dans les mêmes rapports.

Ainsi, dans la même figure, ayant voulu opérer par la demi-distance, nous prenons la moitié de la largeur AB, que nous voulons obtenir, qui nous donne également le point D ; nous prenons le sixième de la largeur, qui nous donne le même résultat, et nous trouvons la même rencontre au point *d*.

PLANCHE II.

(Fig. 1.) Le spectateur a l'œil fixé sur un tableau que nous supposons être une glace, une vitre, un corps transparent ; il aperçoit au travers de ce tableau deux lignes parallèles et perpendiculaires figurées sur le terrain. Son œil fixé sur la ligne de l'horizon, sur un point unique V, son point de vue, ces deux lignes semblent se réunir. Voilà donc ces deux lignes parallèles fuyantes qui semblent être réunies vers un point, le point de vue V. Ces deux lignes, toujours parallèles, se trouvent mises en perspective.

(Fig. 2.) Nous avons formé de ces deux lignes des carrés, nous voulons obtenir la place qu'ils doivent occuper en profondeur pour l'œil du spectateur. Si de l'angle du carré n° 1 nous tirons une ligne à l'œil du specta-

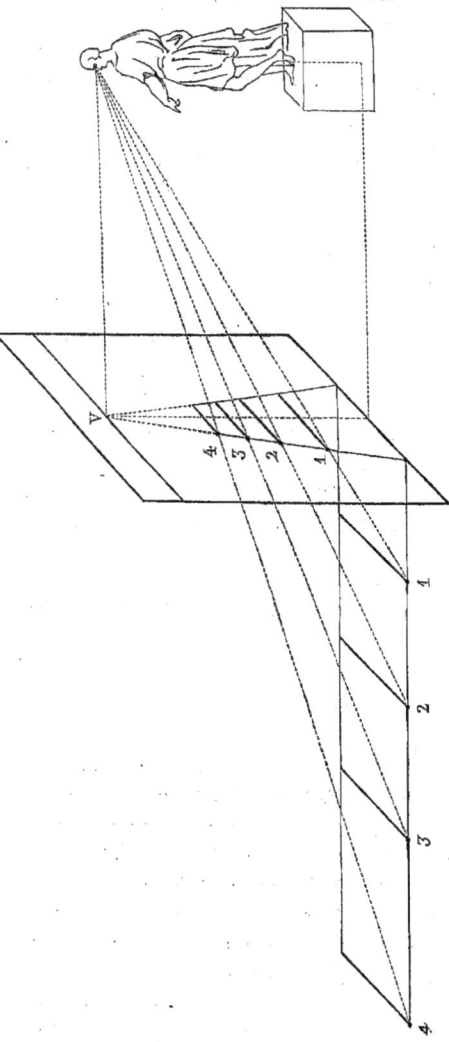

Planche II, fig. 1 et 2.

teur, le point qui rencontrera la ligne fuyante sera la profondeur du carré. Si nous exécutons la même opération de l'angle du carré n° 2, nous aurons la profondeur du carré n° 2 sur le tableau transparent, et ainsi de suite des autres carrés.

(Fig. 3.) Six arbres sont placés à l'entrée d'une avenue; ils sont plantés à 2 mètres de distance chacun. On veut les dessiner pour pouvoir les peindre sur un tableau. Vous voyez que c'est la même opération que nous venons de faire. Ce sont toujours les rayons visuels qui coupent le plan du tableau. Ainsi, nous avons fait le plan des six arbres, puis, de l'œil du spectateur, nous avons tiré une ligne du pied de chaque arbre, 1, 2, 3, et sur la ligne de base, sur le plan du tableau, tirant une perpendiculaire sur les lignes fuyantes, nous avons eu la place exacte en perspective de chaque arbre. En s'y prenant autrement, vous voyez

PERSPECTIVE.

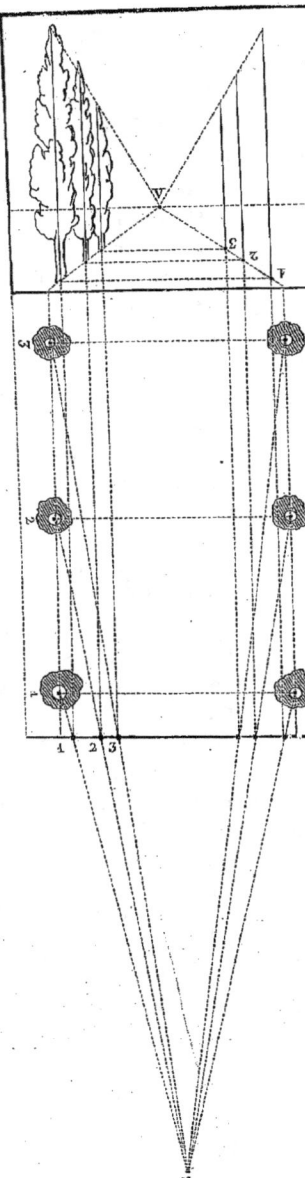

Planche II, fig. 3.

que c'est la même opération que celle que nous avons vue fig. 2 : c'est toujours la ligne de l'œil du spectateur qui coupe la ligne fuyante, qui va au point de vue. (Vous comprenez que vous pouvez mettre des colonnes à la place des arbres, ou tout autre objet.)

(Fig. 4.) DE L'HORIZON. — La ligne de l'horizon est toujours à la hauteur de l'œil de celui qui dessine. La ligne de l'horizon, pour son œil, s'élève ou s'abaisse suivant qu'il s'élève ou s'abaisse lui-même. Vous voyez par l'exemple des trois figures n° 4, de la différence de l'effet de la ligne de l'horizon par rapport aux figures qui n'ont pas changé de proportion. Le goût seul vous indique dans quel cas vous devez placer plus haut ou plus bas la ligne de l'horizon.

PLANCHE III.

(Fig. 1.) Elle représente une route garnie de trottoirs, de maisons, de murs, qui vont tendre au point de vue; c'est l'application du principe des parallèles qui vont tendre au point de vue. (Planche I, figure 1.)

Il faut observer aussi que toutes les lignes horizontales, parallèles à la ligne de terre, conservent leur parallélisme avec la base du tableau. Il en est de même pour les lignes verticales, qui restent toujours parallèles entre elles.

(Fig. 2.) DE L'EMPLOI DE LA DISTANCE. — N° 1. Ayant le plan du carré ABCD, nous portons sa largeur sur la base du tableau ; puis, menant au point de vue V les deux parallèles, nous avons la fuite de ce carré ; pour déterminer sa profondeur, du point A nous menons la diagonale au point de la distance entière, qui est l'éloignement du spectateur au tableau, et sa rencontre avec la ligne fuyante nous donne le point D, profondeur du carré mis en perspective.

Comme souvent le point de distance est inaccessible, il faut le diviser. On le divise en deux, trois, ou quatre, etc., comme aux exemples n° 3 et n° 4 de la figure 2 (1).

(Fig. 3.) Comme toutes les figures qui se trouvent représentées dans une peinture ne sont pas toujours parallèles avec la base du tableau, il faut donc chercher, par un plan géométral, la position de ces figures dans ce tableau. — *Exemple* n° 1 : Ayant une étoile à représenter en perspective, nous avons cherché sa forme exacte en plan géométral ; de chaque angle de la figure K, H, E, I, G, nous élevons des perpendiculaires jusqu'à la rencontre de la ligne de terre, et comme nous avons observé que toute ligne perpendiculaire à la ligne de terre allait tendre au point de vue, des points K, H, E, I, G, sur la ligne de terre, nous traçons des lignes au point de vue. Ayant pris une fraction de la distance, le tiers, par exemple, la première chose à trouver, c'est l'espace compris du point E à la base du tableau ; nous prenons le tiers de cet espace, que nous reportons, soit à droite, soit à gauche, sur la ligne de terre ou base du tableau ; de ce nouveau point O, nous menons la ligne qui va tendre au tiers de la distance, et son intersection avec la ligne fuyante EV nous donne la perspective du point demandé ; voulant obtenir l'éloignement du point K à la ligne de terre, nous faisons la même opération que pour le point E ; nous ferons de même pour trouver la profondeur des points H, I, G, et joignant par des lignes tous ces points, nous avons la représentation de l'étoile en perspective.

(Fig. 3.) N° 2. Nous avons, comme dans la figure précédente, cherché l'espace compris entre la ligne de terre et la lettre S du carré figuré au plan ; prenant le tiers de cet espace, puisque nous opérons par le tiers de la distance, nous l'avons reporté en opposition avec le point du tiers de la distance sur la ligne de terre, et de ce point S au point de vue V, et

---

(1) Voir les planches de l'album lithographié.

du point O au point de distance, nous avons, par l'intersection de ces deux lignes, le point S en profondeur, et de même pour les points R, P, A, qui nous donnent la perspective du carré tel qu'il est placé au plan géométral. Si nous voulons y élever un cube, nous élèverons des perpendiculaires de chaque angle du carré R, S, P, A. Du point R nous traçons une ligne parallèle à la base du tableau ; sur cette ligne nous prenons un point quelconque T. De ce point T au point de vue, nous menons une ligne, et, du même point T, nous élevons une perpendiculaire ; reportant sur cette perpendiculaire la hauteur du cube X, et du point X au point de vue ayant mené une ligne, du point P nous traçons une horizontale qui, se rencontrant avec la ligne T en perspective, nous donne le point Z. De ce point Z, élevant une perpendiculaire, sa rencontre avec la ligne fuyante X nous donne le point I, hauteur de la perpendiculaire P. La même opération pour le point A nous donne la hauteur de la perpendiculaire A. Chaque point réuni par des lignes nous donne la surface du cube mise en perspective.

N° 4. Pour mettre en perspective une pyramide dont la position nous est connue par le plan géométral, nous opérerons comme nous l'avons fait pour les deux figures précédentes. Vous pouvez vous en rendre compte en suivant l'opération. Il s'agit de trouver le centre et le sommet de la pyramide. Pour trouver le centre et le sommet de la pyramide sur le plan, nous n'avons qu'à tracer les deux diagonales : le point où elles se rencontrent en est le centre. En portant nos yeux sur la figure, nous voyons qu'ayant tracé les diagonales du carré, mis en perspective, base de la pyramide, nous avons le centre. Pour en trouver le sommet, nous avons établi sur la ligne de terre l'élévation ou coupe de la pyramide ; nous reportons sur une perpendiculaire partant de la base du tableau la hauteur de cette pyramide, qui nous donne les points B et C, et de ces deux points au point de vue nous menons deux lignes ; du centre A de la pyramide, nous traçons une ligne horizontale à la rencontre de la ligne fuyante BV : la hauteur comprise entre les deux lignes C, B, mises en perspective, est la hauteur de la pyramide.

PLANCHE IV.

Comme nous ne pouvons pas toujours avoir le plan de la même grandeur que notre tableau, ni pouvoir le placer comme à la figure 3 de la planche III, nous pouvons faire le plan de toute autre proportion, et en dehors du tableau, à la seule condition de lui conserver les mêmes rapports.

(Fig. 1.) Ayant le plan d'un dallage sur la base de notre tableau, sur la ligne de terre nous transmettons proportionnellement les divisions du plan A, B, C, D, E, F, G, H; de tous ces points nous menons des parallèles perspectives au point de vue. Pour avoir la profondeur totale de notre carré, nous prenons le quart de la grandeur AH sur ce tableau, parce que nous opérons par le quart de la distance; ce qui donne le point 7. Du point 7 à la lettre A, nous traçons la diagonale qui est représentée dans le plan; elle va toujours tendre à la distance entière. Sa rencontre avec toutes les lignes qui vont tendre au point de vue, nous donne les points 1, 2, 3, 4, 5, 6, 7; de tous ces points, traçant des lignes horizontales, nous avons la perspective exacte du dallage figuré au plan de la fig. 1.

(Fig. 2.) Comme dans la figure qui précède, nous avons le plan en dehors du tableau; l'opération est exactement la même, à la seule différence que la figure est plus compliquée.

(Fig. 3.) Connaissant par le plan les objets que nous voulons mettre en perspective, nous prenons le quart de la totalité de l'objet AB, et de ce point au quart de distance nous obtenons le point C de la profondeur; ayant tracé la ligne horizontale, nous élevons un cube : ce solide étant élevé, nous voulons en placer un second éloigné de trois fois sa largeur; nous prenons le quart de la profondeur de trois fois la base du cube, qui est l'espace entre les deux solides; nous reportons cette largeur de C et D, ce qui nous donne, en menant une ligne du point D au quart de distance, le point E, premier point de l'angle qu'occupe le solide que nous cherchons à placer à la distance demandée; du point E tracez une ligne horizontale, dont la largeur se trouve déterminée par les deux parallèles perspectives, qui vont tendre au point de vue V, ce qui donne la largeur de notre solide; sa profondeur étant égale à sa largeur, opérant par le quart de la distance, nous avons pris le quart de sa base E, G. De ces deux points, élevant deux perpendiculaires à la hauteur qui vous conviendra, F par exemple, la ligne menée de ce point F au point de vue nous donne la partie latérale, ou face fuyante du solide.

On comprendra facilement qu'en suivant la même méthode, nous pourrons placer autant de solides que nous voudrons.

(Fig. 4.) Comme vous l'avez dû voir dans les figures qui précèdent, la diagonale joue un rôle très important ; c'est pourquoi nous lui avons consacré cette figure tout entière pour la rendre plus intelligible. Le plan A figure une chambre ; la ligne de base du plan divisé nous représente la base du tableau, ayant mis le plan en perspective, ayant trouvé sur ce tableau les points A, B, C, D, nous traçons les diagonales comme dans le plan géométral. Sur le mur fuyant BD, nous voulons avoir l'ouverture d'une porte éloignée de 1 mètre. Sur la ligne de terre, à partir du point B, et à 1 mètre du point B, nous menons une ligne parallèle au mur, sa rencontre avec la diagonale au point K nous donne la profondeur de 1 mètre ; de ce point, une horizontale au mur. Voulant avoir une ouverture de 1^m,50 de large, nous reportons sur la base du plan la distance de 1^m,50, et de ce point élevant une seconde parallèle au mur, sa rencontre avec la diagonale nous donne le point L. Du point L de la diagonale traçant une horizontale qui rencontre le mur, elle nous donne l'ouverture cherchée.

Sur le même mur BD se trouve une fenêtre éloignée de 1^m,50 du point D. Mesurant 1^m,50 à partir du point B, de ce point élevant une ligne parallèle au mur, sa rencontre avec la diagonale AD nous donne le point E. La base de la fenêtre ayant 1^m,50 d'ouverture, sur la ligne de base du plan, et à la suite de la première distance, nous reportons cette grandeur de 1^m,50 ; de ce point, élevant une autre parallèle au mur, sa rencontre avec la diagonale nous donnera le point O.

Sur le mur AC se trouve une porte à la distance de 2 mètres et demi du point A ; reportant du point A cette mesure sous la ligne de base du plan, nous élevons de ce point une parallèle au mur AC qui nous donne le point G à sa rencontre avec la diagonale. De ce point menant une horizontale sur le mur AC, nous obtenons le premier point d'ouverture de la baie de la porte ; la porte ayant 1^m,50 de large, nous reportons 1^m,50 sur la ligne de base du tableau ; élevant une ligne parallèle au mur AC, sa rencontre avec la diagonale nous donne le point R, qui, reporté par une horizontale sur la ligne AC, nous donne l'ouverture de la porte demandée.

Sur le mur CD se trouve une baie de porte de 1^m,50 de large, placée à 2 mètres du point C ; ayant, de la ligne de base du plan, mené deux lignes au point de vue, les deux points trouvés sur la ligne CD nous donnent l'ouverture de la porte HZ.

De tous les points obtenus sur notre tableau nous élevons des perpendiculaires. Ayant fixé la hauteur que nous avons voulu donner aux baies de porte, ainsi qu'à la fenêtre et à son mur d'appui : de ces points, menant au point de vue, nous avons la perspective de la chambre, des portes et de la fenêtre.

PLANCHE V.

Du cercle mis en perspective. — Jusqu'ici nous n'avons eu que des lignes droites à mettre en perspective ; comme tout ce que nous avons à dessiner ne se compose pas seulement de lignes droites, malgré l'importance de la ligne droite, qui est la base, l'âme, si je puis dire ainsi, de tout ouvrage de peinture, de sculpture ou d'architecture, nous allons donner le moyen de mettre les lignes courbes en perspective.

(Fig. 1.) Un cercle étant donné, inscrit dans un carré figuré au plan, les deux diagonales du carré étant tracées, les deux diamètres du cercle étant tracés aussi, ayant mis le carré en perspective, ainsi que les diagonales et les diamètres, nous remarquons que les diagonales coupent la circonférence en quatre points A, B, C, D. Ayant les points E, F, G, H, les deux diamètres du cercle, nous avons le cercle mis en perspective.

(Fig. 2.) C'est la même opération qu'à la fig. 1. Sur la première, l'opération était faite sur le plan horizontal ; sur celle-ci, elle est faite sur le plan vertical.

(Fig. 3.) Lorsque le cercle se présente de face, comme un cylindre, une colonne, vue en raccourci, ayant tracé le cercle le plus rapproché de l'œil, il suffit du centre du cercle de mener une ligne au point de vue, et d'abaisser une perpendiculaire à la circonférence ; de ce point B, menez une ligne au point de vue. Nous servant de la ligne du point de centre A, menée au point de vue, puis du point B, menée au point de vue, nous aurons, avec le secours de ces deux lignes A et B, l'une, la ligne A, étant la ligne des centres, l'autre, la ligne B, étant la ligne des rayons des cercles fuyants, nous aurons la grandeur du rayon des cercles mis en perspective. Par la tangente du cercle menée au point de vue, nous aurons le cylindre ou la colonne de grandeur indéterminée mis en perspective.

(Fig. 4.) Voulant exprimer un vide dans le cylindre, ou bien figurer un anneau, ayant une épaisseur déterminée, nous procédons de la même manière qu'à la figure 3.

(Fig. 5.) La figure 5 est une application de ce que nous avons appris de la ligne droite et de la ligne courbe mises en perspective par le tiers de la distance. Ayant trouvé les points A, B, C, D, E, F, G, H, I, J, K, L, M, N, nous élevons des perpendiculaires de ces différents points; nous déterminons la hauteur du premier pilier au point O, de ce point, au point de vue; et sa rencontre avec le mur qui se présente parallèlement en face du spectateur, avec la base du tableau; au point P, nous traçons une ligne horizontale, qui nous donne la hauteur des piliers à leur distance du bord du tableau.

Connaissant l'écartement d'un pilier à l'autre, qui est la grandeur du diamètre du cercle, nous en prenons la moitié, qui se trouve être le rayon. Nous reportons cette grandeur de O à T. Du point T, la ligne menée au point de vue nous donne la tangente des arcs. La rencontre de cette ligne avec les perpendiculaires de chaque pilier nous donne la profondeur du carré mise en perspective. Du point O, comme centre, et du point T, rayon, nous traçons le demi-cercle qui nous donne le point Y. Une ligne tirée de ce point au point de vue nous fournit sur chaque pilier les points des diagonales de chaque carré. Nous traçons ces diagonales, et de leur point de jonction nous avons le centre pour élever la perpendiculaire qui nous sert de rayon au sommet du cercle mis en perspective. Nous avons les trois points, 1, 2 et 3 du point Z, puis sur le plan, à la rencontre de la diagonale avec l'arc du cercle, nous traçons une ligne horizontale qui nous donne le point U ; de ce point au point de vue, nous avons, à sa rencontre avec les diagonales, les points 4, 5, qui nous manquaient pour tracer notre arcade en perspective ; les mêmes lignes, par la même opération, nous donnent les deux autres arcades.

Pour les arcades de face, sur le diamètre, nous traçons notre arc, et du point de centre au point de vue, nous aurons le centre de tous les arcs qui se trouvent dans la même direction, comme on peut le voir sur les arcades qui sont au fond de notre tableau, et qui ne sont pas figurées au plan.

PLANCHE VI.

(Fig. 1.) Cette figure est une application de ce que nous avons déjà vu. Par le point de vue et par le point de distance, vous remarquerez une fois de plus que des formes semblables se modifient selon qu'elles vont tendre au point de vue. La colonne n° 1 nous en offre un exemple ; les assises de cette colonne, qui sont restées carrées, nous montrent que les lignes fuyantes s'abaissent lorsqu'elles sont au-dessus de l'horizon, et qu'elles s'élèvent lorsqu'elles sont au-dessous.

Pour bien se rendre compte de la perspective du cercle 2, 2, 2, de la variété de sa forme, en rapport avec le point de vue, prenez un verre à boire de forme circulaire, le tenant immédiatement sous votre œil, c'est un cercle régulier ; en l'éloignant horizontalement, sa forme devient elliptique. Puis encore, les deux bords se touchant vous donnent une ligne horizontale. Si vous élevez votre main, la même opération, qui avait lieu de haut en bas, a lieu de bas en haut, la ligne horizontale devient un ovale, qui s'élargit à mesure que votre main s'élève, jusqu'à être un cercle régulier lorsqu'il est placé au-dessus de votre tête.

(Fig. 2.) Une remarque importante : lorsque vous êtes au bord de la mer, vous voyez une ligne qui sépare le ciel de l'eau ; de même que dans une vaste plaine, la même ligne existe qui sépare le ciel de la terre : cette ligne est la ligne de l'horizon. (Revoir planche II, figure 4.)

Cette ligne, qui ne change pas sur la nature, semble s'élever ou s'abaisser, suivant que nous nous élevons ou nous nous abaissons nous-mêmes et toujours dans le même sens que nous ; si nous nous élevons, elle s'élève ; si nous nous abaissons, elle s'abaisse. Insistez pour vous rendre bien compte de cette opération, car elle est importante pour dessiner juste ce que vous avez à représenter exactement. Si vous êtes devant une tête, un arbre, une pierre, ayez le plus grand soin de fixer votre modèle au même point ; faute de quoi, vous trouverez vos lignes toutes différentes, et votre dessin, imparfait, manquerait et d'exactitude et d'unité.

Continuation de la figure 2 de la planche VI (de l'échelle fuyante de proportion). Nous avons, pour plus de clarté, divisé la figure humaine suivant l'ancienne mesure ; nous avons donné à l'homme cinq pieds et demi de proportion, que nous avons tracés sur le bord de notre tableau, menant, de chacun de ces points, des lignes au point de vue. Il résulte de cette opération que toute figure humaine que vous placerez dans l'espace compris du bord du tableau à la ligne de l'horizon, et sans la dépasser, se trouvera dans sa juste proportion de cinq pieds et demi, n'importe où vous la placerez, et n'importe la hauteur de l'horizon.

Pour avoir sa grandeur exacte, pour pouvoir l'élever sur un socle, sur un tertre, ou la placer dans une cavité, vous n'avez qu'à vous rendre compte de l'endroit où elle est placée, et, à cette place, une ligne horizontale, prise entre deux lignes de l'échelle fuyante, vous donne l'exacte mesure de votre figure à la distance où elle est placée.

(Fig. 3.) DU POINT ACCIDENTEL, OU POINT DE CONCOURS, OU POINT DE FUITE ACCIDENTEL. — La plupart des figures que nous avons vues jusqu'ici n'étaient que des lignes allant tendre directement au point de vue, parce que les objets que nous avons représentés en perspective étaient parallèles à la base du tableau ; que la partie fuyante ou les lignes fuyantes de ces objets étaient toujours à angle droit avec la base du tableau. Ici nous supposons, au contraire, un édifice qui se trouve vu sur l'angle et placé obliquement pour la ligne horizontale, base du tableau.

Du point de station du spectateur S, sur le plan, nous menons une ligne parallèle à l'un des côtés du monument, le côté K ; la rencontre avec le prolongement du tableau nous donne un point que nous désignerons par le nom de point de concours, point de fuite accidentel ou point accidentel, le point B, point de fuite de toutes les lignes parallèles à cette direction. Voulant obtenir le point de fuite de l'autre face L du monument, nous répéterons la même opération par la parallèle menée du point S au point A, prolongement de la ligne horizontale de la base du tableau.

Ayant trouvé les deux points de fuite A et B, il nous faut trouver le point qui remplace le point de distance, que nous nommerons point de corde ou point de *distance accidentel*.

Du point R, où nous posons la pointe du compas, au point D, comme rayon, nous décrivons un arc de cercle ; sa rencontre avec la ligne horizontale du plan du tableau nous donne le point P. Nous réunissons O et P par une ligne qui est la corde de l'arc du cercle. Du point du spectateur S menez une ligne parallèle, et sa rencontre avec l'horizontale du tableau vous donne le point U, le point de fuite des lignes parallèles aux cordes.

On peut obtenir également le point de la corde U, en plaçant la pointe du compas au point de concours A ; et l'éloignement du point A au spectateur S, en reportant cette grandeur sur la ligne horizontale, base du tableau, nous donne le même résultat. On peut aussi faire la même opération et obtenir le même résultat par le point B.

L'opération que nous venons de faire planche VI, figure 3, nous a fait comprendre ce que nous disions en commençant : que toutes les lignes des monuments que nous voulons dessiner en les mettant en perspective ne sont pas toujours parallèles à la ligne de terre ou base du tableau, et qu'alors elles ne peuvent tendre à un point central ou point de vue, ni au point de distance.

Les objets à peindre dans la nature, à représenter sur un tableau, sont variés à l'infini, et dès qu'un monument ou un objet quelconque forme des angles qui ne sont pas à angles droits avec le tableau, cette position se nomme vue accidentelle.

Pour résumer la perspective, il y a trois points ou directions : 1° Le point de vue ou point de fuite naturel, où toutes lignes parallèles formant angle droit avec le tableau vont tendre au point de vue en traversant le cône optique : il est le point de centre de tous les rayons qui partent de l'œil du spectateur ;

2° Le point de distance ou point des diagonales, qui est l'angle de 45 degrés avec la ligne de terre ;

3° Le point de concours, ou point de fuite accidentel, qui nous permet de placer exactement dans la perspective générale du tableau tout objet dont la position nous est connue, mais dont ni les lignes, ni les angles, ne vont tendre au point de vue, ni au point de distance.

PLANCHE VII.

Des ombres. — Tout corps opaque, tout solide ayant une forme recevant la lumière, dessine immédiatement son ombre (1).

La lumière est un fluide subtil qui a la propriété de frapper en ligne droite tout corps opaque et solide.

Bien que les moyens d'effets soient infinis par la lumière et par l'ombre, il n'y a véritablement que trois directions principales données par la lumière du jour, par le soleil : 1° la direction des ombres parallèles au tableau, fig. 1 ; 2° les ombres venant vers le spectateur, le point lumineux étant placé en face de lui, fig. 2 ; 3° les ombres allant tendre vers l'horizon, direction qu'elles prennent lorsque le soleil est placé derrière le spectateur.

(1) Pour le tracé des ombres, voir les planches de l'album lithographié.

Tous les rayons lumineux qui émanent d'un astre sont parallèles entre eux.

(Fig. 1.) Des ombres parallèles au plan du tableau. — Ayant dessiné les objets de notre composition, nous voulons trouver la direction de l'ombre de ces objets ; de la base de l'un d'eux nous menons une ligne parallèle à la ligne de terre, qui sera la direction des ombres parallèles.

Puis, d'une longueur d'ombre prise à volonté, menant au sommet de l'objet, nous aurons la direction des rayons lumineux et la forme de l'ombre portée par les objets.

(Fig. 2.) Le point lumineux étant placé en face du spectateur, les ombres venant vers lui.

Nous avons placé dans notre tableau des objets quelconques : de l'un d'eux, pris à volonté, nous donnons la direction de l'ombre. En prolongeant cette direction vers la ligne de l'horizon, nous obtenons un point A que nous nommerons base de la lumière : c'est le point de fuite de la direction des ombres ; de l'étendue de l'ombre et du sommet de cet objet, du point B, nous menons une ligne au rayon lumineux, et sa rencontre avec la perpendiculaire élevée sur le point A, base de la lumière, nous donne la place occupée par le point lumineux, point de fuite des rayons lumineux. Nous répétons la même opération pour tous les objets qui sont placés sur le terrain. Mais, comme tous ces objets ne sont pas isolés, qu'ils tiennent à d'autres placés sur différents plans, la direction des ombres se modifie : c'est ce que nous allons examiner. Un morceau de bois est scellé dans le mur placé verticalement à la gauche du tableau. Du foyer lumineux et par les points saillants de cet objet nous menons les rayons lumineux. Pour avoir la projection exacte de son ombre sur le mur, du point V, point de fuite du mur, nous élevons une perpendiculaire, que nous arrêterons au point S, hauteur du foyer lumineux. Ce point remplace le point A, base de la lumière pour tous les objets touchant le mur et qui projetteront leurs ombres sur lui.

(Fig. 3.) Des ombres allant tendre vers l'horizon.

Des objets étant donnés, du pied du poteau A, nous prenons la direction de l'ombre; son prolongement jusqu'à la rencontre de l'horizon, nous donne le point C, point de fuite des ombres. Du point C, nous abaissons une perpendiculaire ; du sommet de l'objet, et par l'étendue de l'ombre, nous menons une ligne qui est la perspective des rayons lumineux ; et la rencontre de cette ligne avec la ligne C, prolongée, nous donne le point F, point de fuite des rayons lumineux.

Voulant ensuite trouver les ombres portées des objets construits en saillie sur le mur du fond, du point de vue V, et sur le point de fuite des rayons lumineux F, nous menons une ligne qui sera la direction des ombres portées du mur d'appui, placé à gauche du tableau, ainsi que du parallélogramme, de même que le dessus de la porte placée à droite. Cette ligne du point F, point de fuite des rayons lumineux, et du point de vue V, nous donne la direction géométrale des rayons du soleil.

(Fig. 4.) Application des principes de la figure 2.

Un mur, placé à gauche, va tendre au point de vue V : de ce point, nous élevons une perpendiculaire, et du point lumineux S, une ligne horizontale qui, se rencontrant avec la perpendiculaire, nous donne le point E, point de fuite des ombres des objets saillants ou rentrants, attenants à ce mur.

Voulant obtenir l'ombre portée d'un cube ; de l'angle B du cube construit près du mur, je mène une ligne au point A, base de la lumière et du point G du même cube, le rayon lumineux. Ces deux lignes des deux points de la base de la lumière et du rayon lumineux ne pouvant se rencontrer, par la saillie du mur qui vient en avant-corps, le point de rencontre K avec la ligne du mur qui va tendre au point de vue, où j'élève une perpendiculaire qui me donne la largeur de l'ombre portée du cube au piédestal sur le mur. La rencontre de la perpendiculaire K, avec le prolongement du rayon lumineux S, G, nous donne le point U ; en joignant le point U au point D, nous aurons la forme exacte de l'ombre portée du cube sur le mur ; et le prolongement de cette ligne rencontrera le point E, point de fuite de la direction des ombres.

Agissant de la même façon, faisant la même opération, nous aurons l'ombre portée de l'épaisseur de la porte cintrée, ainsi que celle du petit cube accroché au mur.

Pour les autres objets compris dans le tableau, et qui posent sur le terrain, c'est toujours de la base des objets que l'on procède : de la base de la lumière pour la direction des ombres ; et du rayon lumineux, pour leur étendue.

(Fig. 5.) *Exemple :* Du soleil derrière le spectateur, les ombres allant tendre à l'horizon, la direction de l'ombre étant donnée ainsi que son étendue, en prolongeant cette ligne de la direction de l'ombre, nous arriverons à toucher la ligne de l'horizon en un point B, qui sera le point de toutes les lignes fuyantes des ombres se dessinant sur les plans horizontaux. Du sommet du poteau, placé vers le milieu du tableau, nous traçons une ligne qui, rencontrant la fin de l'ombre, nous donne la direction des rayons lumineux; en abaissant, sur cette ligne, une perpendiculaire du point B, nous donne à sa rencontre, avec la ligne prolongée que nous venons de tracer, le point S, point de fuite des rayons de l'astre que nous avons derrière nous et qui nous révèle sa position.

De la base du second objet, qui se présente à nos yeux, d'une perche, nous menons une ligne au point B; sa rencontre avec un banc de pierre nous donne la base du point E. De ce point, nous élevons une perpendiculaire à l'arête de cette pierre, qui sera le point G.

De ce point G menant une ligne au point B, le plan de la pierre étant un plan horizontal, à partir de ce point, le plan étant vertical, nous élevons la même ligne perpendiculairement jusqu'à la rencontre de la ligne du rayon lumineux partant du sommet de la perche.

Une porte se présente ensuite; pour obtenir l'ombre portée de l'épaisseur du mur de cette porte, du point K, nous menons au point B, direction de l'ombre; sa rencontre avec la ligne horizontale qui figure le fond de la baie bouchée, nous donne le point T. De ce point, nous élevons une perpendiculaire; de l'angle O, de la baie, nous menons au point S, qui nous donne le point L. La ligne obtenue K, T, L, est la forme de l'ombre portée de la baie de porte K, O; pour obtenir l'ombre portée du dessus de la porte O, R, de même que dans la perspective que nous avons vue, la ligne horizontale dans les ombres portées reste horizontale également, lorsqu'elle se projette sur un plan horizontal. Ayant mené du point L à la rencontre de l'autre côté de la baie, nous obtenons le point N. Du point N au point R nous avons l'ombre portée de la ligne O, R. Du point R, prolongeant cette ligne en passant par le point N, direction de l'ombre portée sur l'épaisseur du mur qui va tendre au point de vue V : de ce point, abaissant une perpendiculaire, la rencontre de ces deux lignes prolongées nous donne le point F, qui se trouve sur la même ligne que le point S.

Un autre objet, un petit cube est appendu au mur; des perpendiculaires au mur 1, 2, 3, nous menons des lignes à la direction des ombres, des plans verticaux F, et des points 4, 5, 6, au point de fuite des rayons lumineux S, leur rencontre avec la direction des ombres nous fournit la forme de l'ombre portée par les points 7, 8, 9. Vous observerez que la ligne 4, 5 allant tendre au point de vue V, la projection de son ombre 7, 8 va tendre au point de vue V, qu'également la perpendiculaire du cube 5, 6 donne la forme de son ombre perpendiculaire aussi en 8, 9.

Par le changement de plan des objets, nous allons avoir nécessairement une différence dans la projection des ombres.

Du point de vue V, menant une ligne au point S, point de fuite des rayons lumineux, nous avons par cette ligne la direction géométrale des rayons lumineux. Si, du point S, comme centre, nous traçons un arc de cercle compris entre la ligne S, F, et S, V, l'ouverture de l'angle compris entre ces deux lignes nous donne la hauteur du soleil. Des points A, B, C, nous menons des lignes parallèles à la géométrale V, S, et nous avons la direction des ombres, pour le point où elle doit arrêter; nous menons de chaque angle saillant les lignes du rayon lumineux, leur rencontre entre les lignes géométrales des ombres et la perpendiculaire tracée, nous donne la forme exacte de l'ombre portée du petit cube.

Pour les points Z, X, des figures cubiques placées à la droite du tableau, se trouvant sur le point vertical, elles suivent le même principe que nous venons d'énoncer.

PLANCHE VIII.

DE LA LUMIÈRE ARTIFICIELLE. — Au contraire de la lumière naturelle, qui se détermine directement, également et parallèlement, la lumière artificielle rayonne en s'élargissant, éclairant circulairement autour de sa flamme, dont le centre est le sommet d'une infinité de cônes.

(Fig. 1.) Le point lumineux étant donné A, abaissant sur le sol une perpendiculaire au point B, ce point, base au pied de la lumière, nous donnera la direction des ombres des objets placés sur le sol.

Ayant les divers objets placés tels qu'ils sont au tableau n° 1, nous obtenons la forme exacte de leurs ombres en partant du point B au point de l'angle de chaque objet, passant sur le sol, nous avons la forme de l'ombre s'élargissant : puis, du point lumineux A, au sommet de chaque objet, nous avons, avec les lignes qui partent du point B, la longueur de chacune de ces ombres à tous les objets tournant tout autour de la lumière.

(Fig. 2.) Dans la figure 2, la lumière est placée sur un meuble au-dessus du sol ; tous les objets qu'elle rencontre dessinent leurs ombres sur le sol, ou plan horizontal ; puis elle vient frapper leur forme sur le plan vertical.

(Fig. 3.) La lumière est placée sur un meuble de forme circulaire ; le pied de la lumière est toujours, comme nous l'avons remarqué fig. 2, sur le terrain. Chaque point qui, passant de la lumière, touche le meuble circulaire, se projette sur le terrain en partant de ce point.

(Fig. 4.) Un meuble étant appuyé contre le mur, voulant avoir la forme de son ombre sur le plan horizontal, du foyer lumineux A nous menons une ligne horizontale ; du pied de la lumière B, une autre ligne horizontale ; à sa rencontre avec la base du mur, nous élevons une ligne perpendiculaire qui rencontre l'horizontale B, et nous donne le point b, qui nous sert pour le tracé des ombres sur le mur vertical. Du point b à l'angle du meuble G, nous donne la projection de l'ombre sur le mur. Un plan vertical étant donné sur le meuble, nous voulons obtenir son ombre portée. Sur la ligne perpendiculaire du pied de la lumière B, reportant la hauteur du meuble G, nous avons le point O, pied de la lumière pour tous les objets placés sur le meuble. Nous suivons notre opération.

La figure 5 est un résumé de l'application des figures 1, 2, 3 et 4 qui précèdent.

Nous engagerons les élèves à faire une visite au Musée du Louvre, et à observer un effet extraordinaire qui est obtenu par un moyen perspectif bien simple, dans la grande vue de Venise de Canaletti : le quai, au-devant de l'église de la Salute, qui produit un si merveilleux effet, si plein de prestige qu'il semble la nature même. Si vous regardez le tableau en face, le quai est en face de vous. Si vous vous dérangez, en vous reportant à droite, le quai semble vous suivre ; de même, si vous vous reportez à gauche, il vous suit encore.

Eh bien ! l'effet de ce quai, qui paraît si extraordinaire, est tout simplement obtenu par une ligne verticale, perpendiculaire, placée au milieu du tableau, et qui va tendre au point de vue.

Les tableaux du Poussin, l'école d'Athènes de Raphaël, sont des chefs-d'œuvre de perspective. Des hommes de talent, d'un grand talent, ont nié l'utilité de la perspective ; de même qu'ils ont nié, eux peintres, la puissance, la magie de la couleur ; en même temps qu'ils niaient encore les connaissances de l'anatomie : folie de maniaque. Et malgré leurs qualités éminentes par le côté individuel de leur sentiment intime, leurs œuvres pèchent par des fautes grossières, apparentes même aux esprits les moins cultivés (1).

(1) L'homme de génie même se trouve dans l'impuissance, lorsqu'il n'a que le sentiment sans la science. Aussi, pour être un artiste complet, faut-il posséder les connaissances positives qui, seules, le rendent maître de réaliser sa pensée tout entière.

MÉCANIQUE.

La mécanique a pour but d'étudier et d'appliquer les lois du mouvement et de l'équilibre.

Le *mouvement* est le résultat d'actions extérieures appelées *forces*.

Tout mouvement donné à un corps, par une impulsion primitive, se conserverait en vertu de l'inertie de la matière, si une action différente ne venait la modifier.

L'*équilibre* est l'effet de la neutralisation des forces agissant sur des corps.

La *pesanteur* est l'action attractive qu'exerce le centre de la terre sur la matière ; le poids des corps est le résultat de cette action : c'est une force.

Toute force peut être considérée comme étant dirigée suivant une ligne droite, et appliquée en un point de sa direction.

(Fig. 1.) *Du choc des corps.* — Un corps mis en mouvement venant à rencontrer un autre corps mobile, lui communique son mouvement, s'arrête ou ralentit son mouvement par l'effet du choc.

(Fig. 2.) *Décomposition des forces.* — Un bateau placé au point A est soumis à deux forces : l'une tendant au point C, l'autre au point B; en vertu de ces actions simultanées, le bateau prend la direction de la diagonale AD.

(Fig. 3 et 4.) *Du centre de gravité et de l'équilibre.* — Tout corps possède un point où vient se réunir l'action de la pesanteur sur toutes ses parties ; ce point est le centre de gravité.

(Fig. 5.) *Du centre de gravité hors la base.* — L'action de la pesanteur sur un corps, ne pouvant être détruite que par la réaction d'un point d'appui, le parallélipipède représenté dans cette figure ne peut se maintenir lui seul en équilibre, parce que la verticale qui passe par son centre de gravité est en dehors de sa base d'appui. Ainsi la tour penchée de Pise conserve sa stabilité, sa solidité, parce que son centre de gravité est compris sur une verticale passant au centre de sa base d'appui.

La figure 6 nous représente l'équilibre d'une voiture, arrivé à sa dernière limite.

(Fig. 7.) *Plan incliné, centre de gravité.* — Un corps placé sur un plan incliné peut y rester immobile, si l'inclinaison du plan est faible ; si elle augmente le corps glisse sans rouler, si son centre de gravité tombe à l'intérieur de sa base d'appui. Enfin, l'inclinaison augmentant encore, il pourra culbuter.

(Fig. 8.) *Levier.* — Le levier est une barre quelconque destinée à soulever un fardeau, à l'aide d'un point d'appui convenablement choisi : plus le point d'appui est rapproché de l'effet à produire, moins il faudra de force développée à l'autre extrémité. Ainsi, le point d'appui B étant placé au dixième de la longueur du levier, il suffira d'une force au point A, égale au dixième du fardeau C, pour soulever ce dernier. (*On gagne moins en force que l'on ne perd en vitesse.*)

(Fig. 9.) *Cabestan.* — Le cabestan sert à produire une traction, ou mouvement de translation horizontale. Il se compose d'un cylindre vertical généralement de bois, fixé solidement au sol, et que l'on met en mouvement au moyen de leviers qui traversent le sommet du cylindre autour duquel vient s'enrouler la corde.

(Fig. 10.) *Roue d'engrenage.* — La roue d'engrenage nous donne un exemple d'un mouvement circulaire transformé en rectiligne ; la roue, en tournant, pousse de ses dents celles de la crémaillère. Le cric est une application de cette transformation du mouvement, le principe de son action découle de celui du levier.

(Fig. 11.) La *vis d'Archimède* est formée d'un tuyau en spirale qui, mis en mouvement, élève l'eau.

(Fig. 12.) Le *treuil* est une application de la même loi que le cabestan ; ici le mouvement à produire est vertical, l'action motrice se transmet par la circonférence d'une grande roue faisant corps avec l'arbre horizontal sur lequel s'enroule la corde qui soulève le fardeau.

Nous avons pensé qu'il était indispensable de donner, dans ce *Cours élémentaire de dessin*, un abrégé des principales lois de la mécanique.

Est-ce qu'un travail d'art n'est pas soumis, n'a pas recours à ces lois? le moindre portrait dans son cadre n'obéit-il pas à la loi de l'équilibre? pouvons-nous aborder le plus petit travail de sculpture sans tout de suite employer le centre de gravité? En architecture, la plus petite maison à bâtir, les moindres réparations à faire n'emploient-elles pas toutes ses forces combinées?... Enfin, l'homme que nous faisons vivre, agir, remuer dans nos ouvrages, n'est-il pas lui-même, par son mécanisme parfait, la plus réelle application des grandes lois du mouvement et de l'équilibre en action continuelle; l'homme n'est-il pas la machine la plus parfaite de la nature, de la création ou du Créateur (1)?

Archimède formula, le premier, la propriété générale du centre de gravité, donna les principes du levier, et en fit l'application à plusieurs machines qu'il inventa; tels sont le plan incliné, la vis ordinaire, et celle qui porte son nom, au moyen de laquelle on élève l'eau par un mouvement continu.

Galilée, dans le XVI° siècle, découvrit la loi de l'accélération des graves, et une théorie complète du mouvement uniformément accéléré. Au XVI° siècle encore, Kepler donna les lois des mouvements planétaires qui ont tant contribué aux progrès de la navigation. Au XVII° siècle, Newton apprend aux hommes en vertu de quelles lois les mondes se meuvent dans l'espace.

Depuis, les frères Montgolfier firent le bélier hydraulique pour élever l'eau à une grande hauteur, par l'action d'un léger courant d'eau. Salomon de Caus, Papin, Watt, inventent et perfectionnent l'emploi de la vapeur. L'électricité, chaque jour, nous étonne par de nouveaux prodiges.

On s'occupe activement de l'aérostat : Joseph Montgolfier, d'Annonay, indiqua, le premier, le moyen de s'élever dans l'air, par la diminution de poids d'un fluide dilaté par la chaleur. Qui saurait dire où s'arrêtera la puissance de l'intelligence humaine dans ses conquêtes sur les éléments, par la science et par la mécanique!..

(1) Pour les figures, voir la planche de l'album lithographié.

ARCHITECTURE.

PLANCHE 1.

L'architecture est l'art de bâtir des maisons, de construire des monuments ; puis d'orner, de décorer ces édifices. Deux qualités sont essentielles pour toute œuvre d'architecture : la solidité dans la construction, l'élégance ou un grand caractère dans la forme, dans le dessin.

Les moyens d'œuvre sont : le plan, la coupe et l'élévation.

Le plan est le dessin sur le terrain de la forme que chaque chose construite occupe. Figurez-vous une maison qui serait sciée dans le sens de la ligne de terre, dans le sens horizontal. Si vous pratiquez cette opération de scier les murs au rez-de-chaussée, je suppose, vous aurez le plan

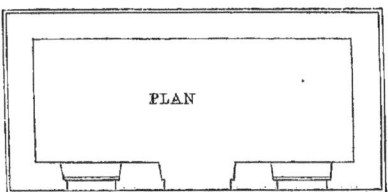

du rez-de-chaussée, et ainsi de suite de tous les étages. Le moment où l'on peut se rendre parfaitement compte du plan d'une maison ou d'un édifice est celui où, sur le terrain d'emplacement où ils seront érigés, sont creusés les fossés des fondations où ils doivent être bâtis.

La coupe est le dessin de la forme de la construction qui serait sciée dans le sens vertical, en séparant la partie sciée comme nous l'avons vue au plan.

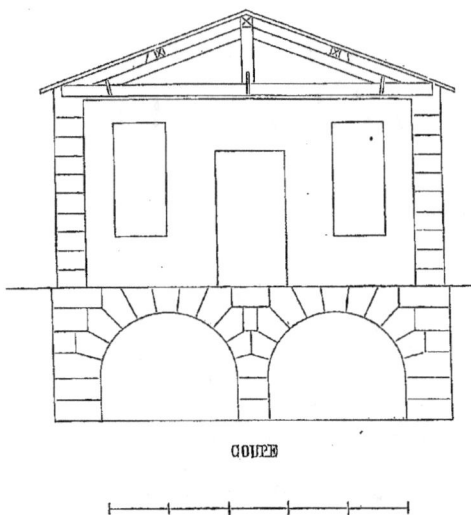

COUPE

L'élévation est le dessin exact de la chose elle-même, telle qu'elle apparaît construite à nos yeux. Avec ces trois dessins comme ils sont représentés figure 1, on peut construire une maison semblable au dessin.

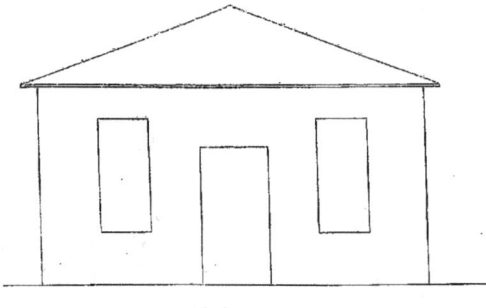

ÉLÉVATION

La figure 2 représente un mur cyclopéen, construction puissante et primitive. La figure 3 est un mur de pierres colossales très bien appareillées, construit à couvre-joint. La figure 4, un mur ayant sa base construite en larges pierres de taille, surélevé en moellons; un autre rang de pierres surélevé en briques. La figure 5, un mur parfaitement appareillé, à couvre-joint comme toujours, avec des pierres bien taillées de plusieurs dimensions.

PLANCHE II.

(Fig. 1.) Une porte avec ses deux montants ou poteaux de bois, sa traverse *idem*.

(Fig. 2.) Une porte en pierres colossales, son linteau ou traverse d'un seul morceau.

(Fig. 3.) Une porte construite en pierres appareillées, ornée de moulures.

(Fig. 4.) Une porte en pierres taillées et appareillées; deux pierres taillées formant linteau.

(Fig. 5.) Une porte *idem*, trois pierres appareillées formant un arc surbaissé.

(Fig. 6.) Par une succession de pierres taillées, ayant pour appareil les rayons d'un même cercle, formant un arc; la clef de la voûte ferme l'arc au milieu.

(Fig. 7.) La même porte et le même arc avec un appareil différent, quant à la coupe des pierres.

(Fig. 8.) Une autre porte, ou arc, orné de moulures.

PLANCHE III.

Quatre temples : le premier construit en bois seulement; le second en pierres, bois, briques et plâtras ; le troisième, de semblable construction, est orné de peintures ; le quatrième est de marbre.

Cette planche a eu pour but de montrer la différence des formes, par l'emploi différent des matériaux. Nous n'avons pas donné les cinq ordres, comme dans les autres traités élémentaires d'architecture. Les ordres

---

(1) Voir les planches de l'album lithographié.

d'architecture ne sont pas des principes positifs absolus d'architecture; ils sont le résultat du goût, du caprice, de l'expérience des grands architectes qui les ont employés, les ont chaque fois changés de proportion et de formes, selon leur volonté ou leur besoin, pour satisfaire à la grande loi de l'harmonie et de l'unité. Nous renvoyons donc plus bas aux divers traités d'architecture de ces maîtres.

On appelle architecte ou ingénieur celui qui possède les connaissances qu'exige cet art; nous les détaillerons plus loin : il invente, conduit et dirige l'exécution des ouvrages d'architecture. L'architecture se divise en trois branches principales qui sont : l'architecture civile, l'architecture militaire et l'architecture navale.

L'*architecture civile* a pour but d'élever des édifices publics ou particuliers dans les villes et dans les campagnes, en ayant soin de les approprier aux besoins de ceux pour qui ils sont bâtis, aux usages auxquels ils devront être employés; ayant en vue le climat, et ayant soin d'employer surtout les matériaux du pays pour leur construction, combinant son plan avec la qualité de ces matériaux.

Un grand principe en architecture est de ne pas sacrifier l'utile à l'agréable; l'agréable est la parure de l'utile; c'est ce qui s'appelle le goût, en architecture.

L'*architecture militaire* a pour but de fortifier convenablement une ville ou une place.

L'*architecture navale* s'occupe de la construction des vaisseaux.

L'enseignement de l'architecture doit être à la fois théorique et pratique; un bon plan est une bonne distribution intérieure où chaque chose est à la place que nécessite son utilité, pour la commodité de l'occupant. A l'extérieur, une bonne forme, où la décoration soit sobre et motivée; où cette décoration soit, pour ainsi dire, l'explication à l'extérieur de la forme exprimée au dehors, de l'utilité intérieure.

Ne pouvant nous étendre davantage dans ce cours élémentaire, nous renverrons ceux qui veulent pousser leurs connaissances dans cet art si important, aux traités spéciaux de Vitruve, de Palladio, de Vignole, de Serlio, de Bosse et de Bullet, et de tant d'autres que leurs recherches et leur goût leur feront découvrir.

Cet art, qui embrasse dans sa partie artistique la peinture et la sculpture, exige dans sa partie scientifique la connaissance des mathématiques, de la chimie, de la mécanique, de la minéralogie, de l'histoire naturelle, etc., etc., afin de remplir les conditions indispensables à toute œuvre de l'architecture, la solidité et la salubrité, en passant par l'économie pour arriver à la durée. L'exemple des monuments celtiques cyclopéens, dont de petits modèles sont visibles à la bibliothèque Mazarine, sont l'un des moyens les plus clairs, les plus palpables, les plus élémentaires, les plus certains de se rendre compte de la bonne construction. Les monuments égyptiens et grecs sont des modèles accomplis; les derniers, surtout ceux des Grecs, remplissent toutes les conditions : beauté et solidité. Leur masse sévère, imposante, est ornée de mille détails fins et gracieux, qui rappellent dans un autre art, la musique, ces heureux détails des petits instruments qui viennent broder une délicieuse mélodie dans un orchestre immense, ample, noble et sévère, et viennent nous charmer, comme dans les ouvertures de Mozart ou dans les sublimes symphonies de Beethoven.

Les mêmes principes se retrouvent partout, dans la nature comme dans tous les arts qui l'imitent. Ce qui prouve une fois de plus que tout est dans tout.

En terminant cet aperçu, nous ferons remarquer comme quoi un édifice quelconque est en même temps architecture, peinture et sculpture. Par sa construction et sa ligne, architecture ; sculpture par sa forme et son modelé ; peinture par l'effet qu'il produit, par sa couleur et par l'effet de ses ombres. C'est du côté de l'art décoratif surtout, que l'architecture tient à la peinture et à la sculpture.

L'architecture peut être considérée comme le premier des arts, puisqu'il les embrasse tous. Il se divise en six parties principales : les mathématiques, le dessin, les sciences naturelles, les arts mécaniques, la construction et la science administrative.

Un architecte moderne doit savoir que, pour lui, il ne s'agit pas seulement de copier telle ou telle époque de l'art de nos prédécesseurs, telle sublime qu'elle lui paraisse; il doit avoir étudié tous les styles, afin que du jour où il aurait un édifice public ou particulier à édifier, il possède les connaissances approfondies de son art, au lieu d'être un imitateur servile se passionnant, celui-ci pour le gothique, celui-là pour le Forum romain, tel autre pour la renaissance, un autre enfin pour l'architecture grecque, exclusivement. Fort de ses connaissances, plein d'admiration pour les chefs-d'œuvre de nos ancêtres, qu'il soit simplement l'esclave de son sujet, le serviteur fidèle de la raison, s'identifiant tellement avec l'utilité, les besoins de ce qu'il doit construire, qu'il oublie en ce moment suprême de la création ce qui fut bâti à Memphis, à Byzance, à Rome ou à Athènes, aussi bien qu'à Corneto, à Venise ou à Florence, etc.

Alors, seulement alors, nous pourrons espérer de léguer à nos neveux des monuments qui auront une forme nouvelle, un caractère et une physionomie. En suivant ce conseil, le jeune architecte qui sait son art peut être assuré du succès; car, s'il a du génie, fort de sa science et plein de la liberté créatrice qui enfante seule les beaux ouvrages, il nous fera jouir de nouveaux chefs-d'œuvre. Point n'est besoin pour cela d'être chargé d'un monument national : la plus simple maisonnette, une boutique à décorer, un monument funéraire, un tombeau suffit à montrer son goût, sa saine raison, son savoir, toute la beauté de son âme, son génie!...

S'il ne trouve pas là suffisante matière à prouver son mérite, que très sagement il renonce à la carrière; comme le peintre ou le sculpteur médiocres, qu'il prenne un autre métier, car il sera nuisible aux autres.

L'anarchie, le milieu immoral dans lequel nous vivons, permet seul qu'il y ait tant d'artistes médiocres; une telle aberration sociale est l'une des causes principales de notre honte et de nos malheurs publics. L'ignorance où les populations sont plongées enfante nos douleurs. Il n'y a d'espérance que dans une éducation rationnelle et véritablement morale, où tout homme placé dans son milieu aura pris en naissant le goût du vrai, du beau et du bien. Les architectes, comme les sculpteurs et les peintres, qui auront instruit les peuples en les exaltant à l'admiration pour ce qui est vrai, pour ce qui est beau, pour ce qui est bien, seront bénis par les hommes et honorés par eux comme bienfaiteurs des humains, et regardés comme les véritables prêtres de l'humanité.

NOTA. — On comprendra facilement que le plus sûr moyen d'avoir de grands *artistes*, peintres, sculpteurs et architectes, c'est de répandre les connaissances réelles, positives, générales de l'art, afin que le plus grand nombre soit en état d'apprécier les qualités des beaux ouvrages; arrivé à cet état de connaissances acquises par le plus grand nombre, il est clair qu'il n'y a plus de place pour la médiocrité dans les arts. Heureusement pour eux, ils seront forcés de se réfugier dans l'industrie, dans les métiers utiles, où ils trouveront, au lieu de la misère, le calme, le bonheur et la prospérité !

DESSIN.

Avant d'entrer dans l'exercice du dessin proprement dit, c'est-à-dire avant de fixer d'une manière sûre, avec le secours d'un crayon, non-seulement tout ce que nous voyons, mais encore tout ce que notre imagination peut rêver, il faut bien se persuader de son importance. Je ne crains pas d'assurer que, dans un avenir très rapproché, on sentira la nécessité d'apprendre à dessiner comme l'on a compris la nécessité d'apprendre à lire et à écrire.

Je le demande à tous ceux qui ne savent pas dessiner : combien de fois ne se sont-ils pas trouvés dans l'embarras, dans l'impuissance, pour n'avoir pas su dessiner? Reprenez donc sur l'ignorance, sur la paresse, cette portion de virilité, en apprenant à dessiner aussi sérieusement que vous apprenez à lire et à écrire.

Après nous être bien rendu compte des éléments de la géométrie, après avoir tracé avec soin et propreté, avec et sans le secours de la règle et du compas, toutes les figures du tableau de la géométrie élémentaire, nous avons appris par cœur, en les raisonnant bien, en nous en rendant un compte exact, les problèmes de la perspective ; nous avons exécuté toutes les figures des huit tableaux gradués, ayant eu le soin, comme dans tout le cours de cet ouvrage, de ne passer que l'un après l'autre, progressivement, après avoir bien compris, après avoir bien exécuté celui qui précède.

Comme le dit Léonard de Vinci, le plus grand maître après les Grecs, celui qui n'a si bien su allier la science et le sentiment, que parce qu'en même temps qu'il sentait, il savait encore : « Un jeune homme qui veut dessiner ou peindre, doit commencer par apprendre la géométrie et la perspective. »

Ainsi disait, il y a deux mille ans, à Athènes, Pamphile, le maître d'Apelles.

PLANCHE I.

Jusqu'ici le plus grand obstacle que les élèves qui débutent rencontrent dans les modèles de dessin qu'on leur fait copier, c'est la difficulté d'exécuter des détails qui leur sautent aux yeux, et qu'ils veulent rendre avant d'avoir trouvé la masse. Si, à un élève qui commence, qui n'a pas appris la géométrie et la perspective, vous présentez le dessin d'un œil, par exemple, il ne manquera jamais de commencer par attaquer un détail, le plus apparent : les cils, les sourcils, en ayant soin d'en compter chaque poil. C'est pourquoi il faut donner aux élèves des modèles simples, très simples, afin d'habituer leurs yeux à ne juger toujours, à ne procéder que par la masse, et de passer du simple au composé. De ces commencements dépend souvent tout le talent futur d'un artiste. Combien d'entre eux, doués d'une belle organisation, eussent produit d'excellents ouvrages, s'ils avaient été convenablement dirigés, et qui, faute d'une bonne éducation première, n'en font que de médiocres, sinon de très mauvais.

Pour commencer, nous procéderons donc par masse et par lignes géométriques; le profil de la figure n° 1, resté dans la masse seulement, est obtenu par les lignes verticales et horizontales. Copiez-le exactement en commençant par établir vos lignes et leurs divisions exactes, à vue d'œil; ayant soin de vérifier avec le compas, la règle et l'équerre, si votre œil a vu juste. Cela fait, dessinez la ligne du nez, du front, du menton, de la forme de la tête, de votre profil enfin; observez pour cela la distance, l'écartement qui se trouve, l'obliquité, l'ouverture de l'angle que vous avez sur votre modèle, du sommet du front à l'extrémité du nez; puis de ce point du bout du nez, en ayant grand soin d'établir sa place sur la ligne horizontale, vous tracerez la ligne du menton, observant également l'écartement où il se trouve de la ligne verticale, ainsi que sa place sur la ligne horizontale. Avec le secours de la ligne horizontale, de la ligne verticale ou aplomb, nous pouvons dessiner tout ce qui apparaît à nos yeux. Ces deux lignes sont la base du dessin. Elles servent aux plus grands maîtres à vérifier l'exactitude des études qu'ils font d'après nature. Insistez sur cette première figure du dessin, car tout ce que vous aurez à dessiner est soumis à la loi rigide de la masse par les deux lignes horizontale et verticale. Avant d'arriver au détail, vous aurez la construction exacte et vraie de votre dessin.

C'est le point essentiel. Que de fois les plus grands artistes ont eu à

88   DESSIN.

gratter et à refaire, pour avoir négligé au commencement cette loi de la place et de l'ensemble par la masse. Aussi, pour faciliter l'application de ces premiers principes, avons-nous ajouté deux planches supplémentaires. (Pl. I *bis*, et Pl. I *ter*.)

(Fig. 2.) Après avoir trouvé votre place exacte, votre masse générale bien juste, vous arrivez aux détails. Vous avez vu à la figure première la forme générale d'une tête, en rapport avec la ligne verticale et la ligne horizontale, par l'ouverture des angles; vous avez dû vous rendre compte de sa place exacte. J'insiste, car cette forme générale est tout, et sans cette forme générale de la masse, vous n'avez rien. Ensuite vous dessinez l'œil, la narine, la bouche, l'oreille, les cheveux, le tout en rapport avec votre masse, procédant toujours du simple au composé; ne dessinant jamais un détail en l'isolant de l'ensemble, mais le dessinant toujours en vue de l'ensemble, en rapport avec lui; ne séparant jamais de l'ensemble le morceau que vous dessinez.

(Fig. 3.) Vous vous êtes bien rendu compte du rôle important de la ligne horizontale et de la ligne verticale; vous allez voir que rien qu'en

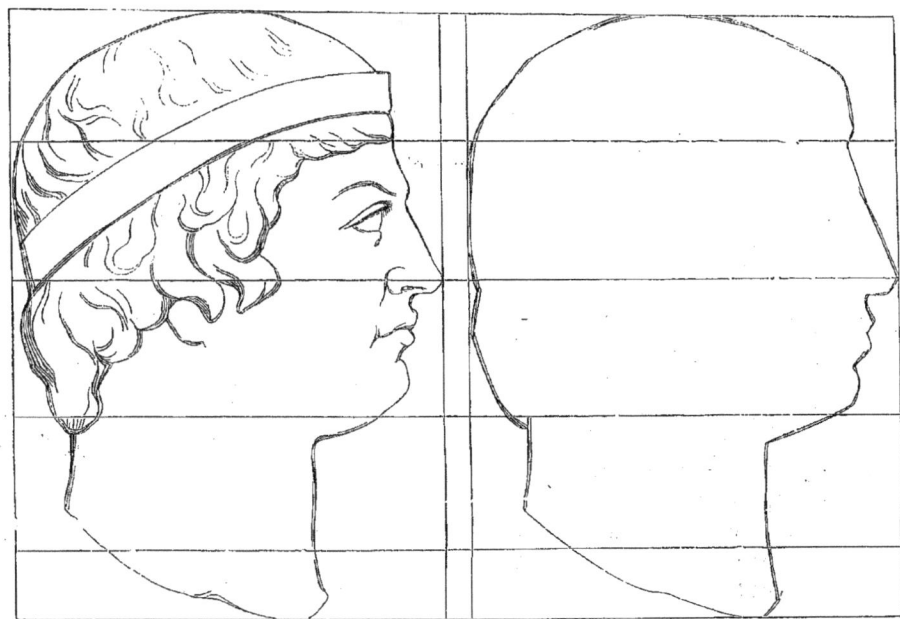

DESSIN. 39

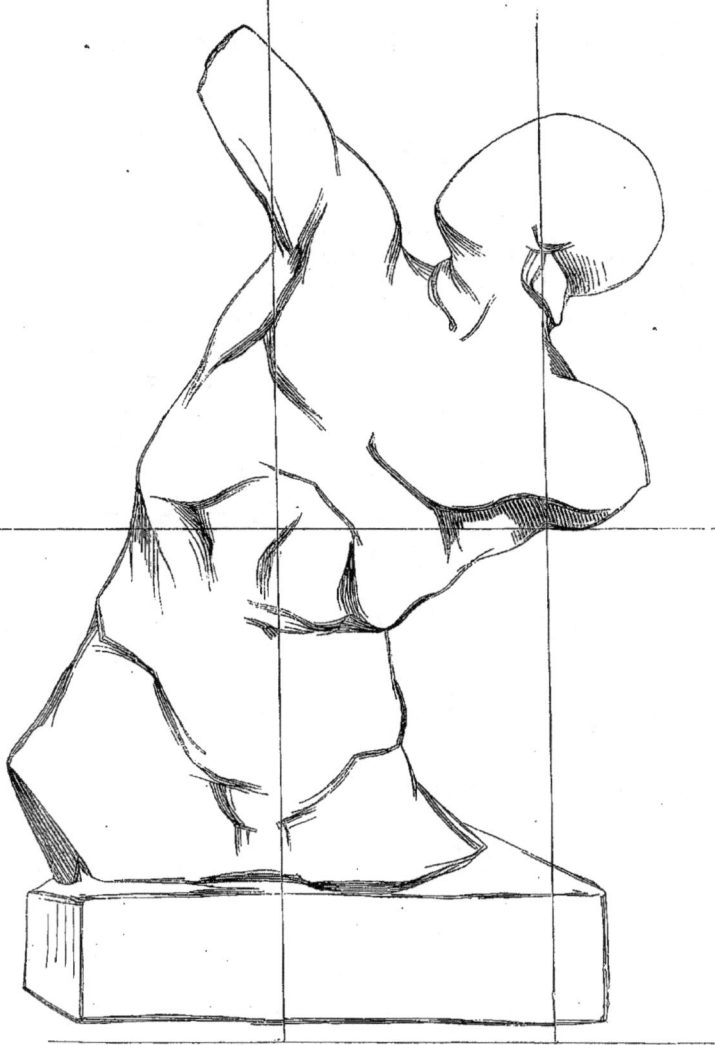

observant les rapports de toutes figures avec ces deux lignes, vous mettrez parfaitement en place une tête dans un mouvement quelconque : une tête levée, fig. 3, procédant toujours du simple au composé, de la masse aux détails; observant toujours les distances, les rapports des choses entre elles, l'ouverture des angles, etc., etc., vous copierez tout ce que vous voudrez.

(Fig. 4.) L'application des mêmes procédés, par la ligne horizontale, par la ligne verticale, par l'ouverture des angles, nous donne toujours le même résultat, de formes exactement mises à leur place; pour la tête baissée comme pour la tête levée, il en sera de même, ainsi que pour tous les modèles que vous aurez à copier, pour toutes les choses que vous aurez à dessiner, dans un cadre et d'après nature.

PLANCHE II.

Nous n'avons pas voulu déformer nos modèles en donnant la division des lignes, pour le portrait de Masaccio, comme pour celui de Raphaël; le cadre qui les entoure, composé de lignes horizontales et verticales, suffit à faire comprendre à l'élève la forme de chacune de ces têtes, les rapports de leurs formes avec la ligne horizontale et la ligne verticale. Nous avons voulu, en outre, que celui qui dessine, s'habitue à se passer de ces lignes tracées sur son modèle; il doit obliger son œil, le forcer à voir juste, en traçant ces lignes dans son esprit; les choses que nous avons à dessiner sont d'une telle variété, que nous devons les saisir tout d'abord dans leur ensemble et dans leur physionomie particulière; par la ligne verticale ou aplomb ainsi que par la ligne horizontale, l'ouverture des angles en rapport avec ces deux lignes, nous serons à même de vérifier si nous avons dessiné avec justesse l'objet ou les objets que nous avons voulu copier.

PLANCHE III.

La vue du golfe de la Spezzia (1) arrive à propos pour nous aider à comprendre, dans sa simplicité, la puissance des lignes géométriques; pour trouver, pour saisir le caractère, la physionomie d'un individu, d'une tête, d'un pays. Ce caractère, cette physionomie, c'est dans les

(1) Voir les planches de l'album lithographié.

quatre lignes premières, c'est dans ces lignes générales, saisissantes, jetées avec le coup d'œil sûr du génie, qui ne sont autres que les lignes géométriques ou lignes de construction, que vous les trouverez ; ainsi exercez-vous à saisir sur la nature ces lignes, à les fixer continuellement sur le papier en même temps que dans votre mémoire.

PLANCHE IV.

Par des lignes verticales ou aplombs, par des lignes horizontales placées à égales distances, mises en rapport avec le modèle, nous allons dessiner ce groupe magnifique du célèbre, du divin Raphaël, et, sans autre secours que des rapports d'angles exacts, nous allons trouver plusieurs figures en mouvement, puis des raccourcis.

Pour arriver à une bonne exécution, ayez soin d'indiquer légèrement, grassement, sans noir, sans trop appuyer votre crayon, par des lignes légères, comme est indiqué l'enfant mort, pour revenir ensuite plus fortement par des lignes ondulées, comme dans la figure de l'homme. (Ce groupe est tiré d'une fresque de Raphaël, dans les *Stanze* du Vatican, à Rome ; elle représente le jugement de Salomon.)

Ce modèle, comme ceux qui suivront, a pour but d'encourager les élèves à tenter immédiatement les choses qui semblent les plus difficiles ; le parfait est aussi difficile à obtenir dans une chose simple que dans une composée. Le moyen d'arriver à bien faire, est de s'essayer souvent, de faire beaucoup et de défaire toujours lorsqu'une faute est aperçue. Croyez-le, les plus grands maîtres ne font pas, n'ont pas fait autrement. Ne vous laissez pas étourdir par les jongleurs, les faiseurs de tours d'adresse ! Ne vous découragez jamais : l'art est successif, il est philosophique. Si vous sentez profondément ce que vous n'avez pu trouver hier, vous le trouverez demain.

CRAYONNER N'EST PAS DESSINER. Pour conduire un cheval de race, comme pour peindre ou dessiner, ayez toujours la main légère, car, lorsque vous aurez beaucoup exercé votre main à chercher l'exactitude des formes, vous saurez assez crayonner. L'adresse arrive avec l'exercice. Cherchez à faire juste, même maladroitement ; ensuite, vous ferez juste aussi ; mais plus adroitement. N'y pensez pas. Cela viendra par l'exercice continuel du dessin.

PLANCHES V, VI, VII, VIII.

Ces planches sont des croquis imparfaits de scènes prises sur la nature, en Corse et en Algérie. Géricault et Gros, qui, depuis les Grecs, sont les seuls qui aient fait vivre, respirer et marcher des chevaux, saisissaient, par quatre lignes et au passage, la vie, le mouvement de ce bel animal. C'est avec la conviction de rendre un véritable service aux élèves, que nous les engagerons, dès qu'ils commencent à dessiner, même dès les premières leçons, à chercher et à saisir les grandes lignes géométriques de tout ce qui se présente à leurs yeux dans la nature. Si la chose mobile, vivante, les embarrasse trop d'abord, qu'ils dessinent un objet immobile : une chaise, une table, un chandelier, une pierre, n'importe quoi. De la chose inanimée, ils passeront aisément à la chose vivante, animée.

Quelques lignes principales, saisies sur la nature avec un crayon, dans la rue, au spectacle, aux concerts, partout, fixent la mémoire ; un simple trait quelquefois suffit pour rappeler une scène entière. Que rentrés chez eux les élèves prennent une plume ; qu'exerçant leur mémoire et leur goût, en même temps que leur adresse, ils passent à l'encre ce qu'ils auront esquissé d'après nature. De cette manière, ils apprendront par eux-mêmes, par l'observation, bien plus que tous leurs maîtres réunis ne sauraient leur apprendre. La raison en est simple, c'est que l'on n'apprend bien que ce que l'on apprend soi-même.

Cette étude a le double but d'exercer en même temps l'œil et la mémoire : la mémoire des lignes, de la forme et de l'effet. C'est cette mémoire, meublée, nourrie, exercée par l'étude continuelle des maîtres et de la nature, qui aide si puissamment à l'accomplissement de leurs œuvres, le peintre, le sculpteur et l'architecte : trois êtres qui ne font qu'un.

PLANCHE IX.

Ici c'est un groupe de figures tiré d'un tableau du Poussin, avec quelques lignes d'un fond de paysage ; le clair et l'ombre y sont indiqués toujours par les mêmes lois observées plus haut des lignes géométriques et des masses.

PLANCHES X, XI, XII.

Différents modèles de dessin, avec le clair et l'ombre, paysages, figures, animaux, tout y est soumis aux mêmes lois des lignes géométriques.

L'élève ne fera de progrès rapides, n'apprendra à dessiner sérieusement qu'en exerçant son œil et sa main à l'exactitude absolue; qu'il ne se décourage pas si sa main maladroite fait mal le crayonnage officiel, tant préconisé jusqu'ici par ceux qui se mêlent d'apprendre ce qu'ils ne savent pas. Que l'élève se rassure, jamais une œuvre d'art, chez les plus grands maîtres, n'a brillé par ces sottises, propres à entretenir l'ignorance par le découragement. Nous ne préconisons pas la négligence, le manque de soin, la malpropreté. Il faut s'apprendre à être soigneux; on ne saurait trop l'être en dessinant.

Je le répète avec intention, *crayonner n'est pas dessiner*, et ceux qui enseignent aujourd'hui, apprennent plutôt à crayonner qu'ils n'apprennent à dessiner! Ces belles hachures, ces beaux estompages, où tant de temps est sacrifié, n'apprennent rien aux élèves. On exige des commençants une main habile, exercée, comme celle d'un homme qui aurait vingt ans de pratique dans l'art : erreur! mensonge! sottise tout à la fois, qui découragent les élèves, en les faisant douter d'eux-mêmes! On leur demande l'impossible : le résultat que donne seule la pratique avant d'avoir pratiqué! Après avoir parfaitement trouvé votre dessin général, que chaque coup de crayon soit l'expression d'une forme, que chaque hachure aide au modelé, l'explique : voilà la belle, la vraie manière de dessiner, à l'exemple des dessins des maîtres. C'est dessiner comme eux dans le sens perspectif; c'est le vrai dessin, le dessin exact, le dessin intelligent!

Au surplus, nous ne croyons devoir mieux faire que d'engager les élèves qui commencent, dès le premier jour qu'ils tiennent un crayon, après avoir bien exécuté, avec et sans le secours de la règle et du compas, la géométrie et la perspective, d'aller voir au Louvre les dessins des grands maîtres, de Léonard de Vinci, de Michel-Ange, de Raphaël, d'André del Sarto, de Lesueur, etc.; ils verront combien ces dessins sublimes sont simples d'exécution, et si faciles, qu'il semble que l'on n'ait qu'à prendre un crayon noir ou rouge pour faire comme eux (1).

(1) Les élèves qui ne pourraient se procurer les planches lithographiées de la grande

Le contraire arrive devant ces prétendus modèles que l'on donne aux élèves, rien qu'à les voir si peignés, si exactement crayonnés, qu'ils semblent exécutés par une machine. La chair de poule vient aux enfants; nous-même, qui ne sommes pas poltron, nous tremblons en y songeant; c'est déjà si difficile à comprendre, pour ces pauvres enfants, comment une main a pu arriver à un pareil travail mécanique, qu'au lieu d'être entraînés par la simplicité, par le facile, ils reculent épouvantés; et l'on s'étonne, et l'on dit : « Mon fils, ou ma fille, n'a pas de goût pour le dessin. » On en manquerait à moins de peine!... Au lieu de laisser épouvanter vos enfants par les pédants, montrez-leur dans l'art ce qu'ils voient dans la nature; elle leur ouvre les bras, les appelle, leur sourit; qu'ils suivent l'impulsion de leur cœur; tout modèle qui ne leur dira pas : « Viens à moi, je suis facile, » doit être rejeté par eux comme un poison dangereux.

Le dessin, l'art, c'est le souffle de Dieu; c'est l'amour par la liberté. Quiconque se sent un cœur pour aimer, une intelligence pour juger, peut et doit dessiner. Nous le répéterons plusieurs fois dans le cours de cet ouvrage : l'art, le dessin qui l'exprime, se compose de deux choses aussi essentielles, aussi indispensables l'une que l'autre : la science et le sentiment.

Allez donc, allez toujours! quiconque sait lire et écrire peut savoir dessiner.

La chose principale est d'apprendre à voir juste, et l'on n'apprend à voir juste, qu'en exerçant son œil à la rectitude. Le sentiment ne s'apprend pas, mais il se développe considérablement par l'exemple; nous ne saurions trop répéter aux élèves de ne voir que les chefs-d'œuvre des plus grands maîtres dès le commencement, de ne voir que des ouvrages véritablement beaux et reconnus pour tels depuis des siècles.

édition de ce cours de dessin comprendront que toutes les bonnes gravures faites d'après les maîtres que nous avons cités plus haut seront pour eux d'excellents modèles à copier : point n'est besoin absolument de ceux de notre cours spécialement. La chose la plus importante pour leurs progrès rapides et certains, c'est l'application des grands principes que nous avons donnés dans le texte de cet ouvrage. Parmi les excellentes gravures qui ont été exécutées par les artistes anciens comme par les artistes modernes, nous ne saurions trop recommander aux élèves l'étude continuelle des belles planches de Marc-Antoine. Chez ce graveur éminent, le génie du dessin par les moyens les plus simples est poussé jusqu'à ses dernières limites. Les élèves ne sauraient donc mieux faire que de s'exercer fructueusement à copier par fragments, avec un crayon de mine de plomb, des belles figures de Marc-Antoine gravées par lui d'après Raphaël.

SCULPTURE.

PLANCHE I.

La sculpture se compose, comme la peinture et l'architecture, de la ligne, de la forme et de l'effet. La forme est son domaine particulier comme sculpture; néanmoins, la ligne, la forme et l'effet sont tellement inséparables qu'à nos yeux ils représentent à eux trois l'unité dans l'art.

Pour exécuter une œuvre de sculpture, il faut procéder comme pour la peinture, l'architecture et le dessin : du simple au composé, de la masse aux détails. C'est tellement vrai, qu'une statue grecque, un fragment ruiné, dont tout le charme du travail a disparu, est encore une belle chose par sa masse seule, sa grande tournure, la belle harmonie, les beaux rapports de ses proportions.

Il n'est pas besoin de recommander de ne commencer à sculpter qu'après que l'élève aura longtemps dessiné; il doit, aussitôt qu'il commence à modeler, s'exercer à peindre. Il est indispensable pour lui d'étudier l'anatomie : l'ostéologie d'abord, puis la myologie. Nous donnons (1), Planche I, un croquis de l'anatomie comparée de l'homme, du cheval, du singe et de l'oiseau, d'un aigle, afin de frapper par leur analogie. Il est impossible de peindre ou de sculpter un homme ou un cheval si l'on ne connaît son mécanisme et sa charpente. Comment exprimer le mouvement, la forme extérieure, si l'on ne connaît pas le dessous? C'est comme si l'on voulait bâtir une maison sans connaître l'art de la construction et de la charpente.

PLANCHE II.

Effectivement, en sculpture, il y a la charpente, l'armature de fer, qui porte, qui soutient l'argile, qui est le squelette de la statue (Pl. II), qui

(1) Voir les planches de l'album lithographié.

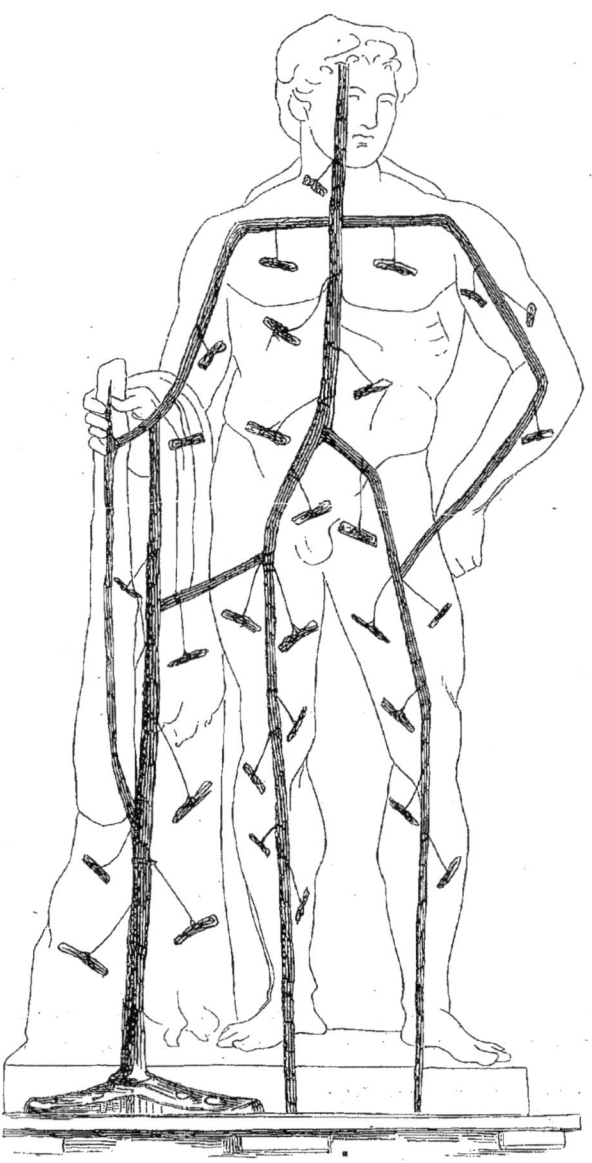

L'ARMATURE, pl. II.

est sa solidité, comme la charpente est la solidité de l'édifice qu'elle soutient.

Ces angles saillants qui nous frappent dans la nature que nous voulons imiter, qui déterminent la longueur de chaque membre, que sont-ils autre chose que les os, qui nous disent, sous les draperies mêmes : là est le genou, ici le coude, etc., depuis l'os du crâne jusqu'au calcanéum, l'os du talon, toute la figure humaine, enfin, la plus belle œuvre créée par Dieu, la plus difficile à rendre par les hommes, que les génies seuls ont pu rendre en sculpture et en peinture pour notre admiration.

PLANCHE III.

Il n'y a pas plus de proportions exactement identiques chez l'homme, qu'il n'y a de proportions exactement semblables dans les colonnes. La mesure vraie est celle que l'artiste donne à ses figures, pour la place qu'elles doivent occuper; mesure qui n'est bonne que lorsqu'elle fait dire : C'est beau! Ces proportions varient à l'infini, comme toutes les choses de la nature. On donne à l'homme de sept à dix têtes ; la statue de Germanicus a sept têtes et demie; celle de la Vénus de Médicis en a huit; l'Enfant à l'oie, cinq têtes, etc. (Pl. III.)

Pour opérer, on construit son armature, d'où dépend la solidité de l'ouvrage que l'on veut exécuter. On commence par placer une forte tige de fer forgé, de 3 à 5 centimètres carrés, avec des patins à sa base, que l'on attache par des vis sur le fond de bois qui portera la statue ou le groupe que vous voulez modeler ; puis des morceaux de fer doux faciles à ployer, de petites lattes mobiles attachées à du fil de laiton, qui retiennent la terre au tronc de fer, supporteront vos parties isolées, les bras, les jambes, les mains, les pieds.

Avant de commencer son travail, il faut avoir composé son groupe, sa statue, dans les conditions de la nature de la matière avec laquelle l'œuvre sera exécutée. Ainsi, le marbre, la pierre, les matières fragiles en général, demandent une composition plus liée ; aucun membre ne doit être isolé sans être soutenu; éviter des pieds, des mains complétement isolés, toute disposition qui rendrait des parties fragiles et trop faciles à casser. Une belle masse harmonieuse, un bel aspect de face d'abord, puis, en tournant autour, sur tous les profils, des lignes heureuses, les membres s'attachant bien, même dans les raccourcis : voilà les lois fondamentales de toute œuvre de statuaire bien conçue et bien rendue.

PLANCHE IV.

Les deux torses grecs de la Planche IV sont des modèles accomplis que les élèves doivent se procurer en plâtre pour les copier. Ces modèles sont toute une école, tout un enseignement. Tirés d'Athènes, de la plus belle époque de l'art, ces deux fragments réalisent tout. Ils procèdent de la grande ligne géométrique, éternelle comme la nature. Chacune de leurs formes est autant de beaux plans superposés, sur chacun de leurs profils ; sur chacun de leurs plans on pourrait apposer une règle. La ligne droite est au fond de tous ces détails modelés, si fins, si larges, si simples et si gras tout à la fois. La même condition de forme, de modelé, se présente dans la nature ; étudiez-la avec soin, vous trouverez ces mêmes conditions. Vous verrez qu'en suivant le profil d'un détail du corps humain, comme en procédant par la masse, vous serez frappé dans cette masse par une ligne géométrique ; cette ligne géométrique qui vous a frappé dans la masse existe aussi dans le détail le plus fin. Ne cherchez dans la nature que ce qui s'y trouve : le principe de la ligne simple et droite, légèrement assouplie, telle qu'elle nous est démontrée dans ces deux torses grecs d'une manière claire, évidente, incontestable, comme sur votre main en regardant ses profils, vous pourrez le vérifier.

PLANCHE V.

Michel-Ange disait qu'une statue de marbre qui serait bien composée pour la matière, pourrait rouler du haut en bas d'une montagne sans être endommagée, sans se casser. Cela voulait dire qu'aucune de ses parties ne devait être détachée de la masse, que tout devait y être relié ; qu'en composant sa statue, il fallait qu'elle fût d'un grand caractère, belle et sévère, et d'une masse imposante qui inspirât le respect par sa solidité.

Les Égyptiens ont laissé des chefs-d'œuvre en sculpture, d'une finesse d'exécution, d'un serré admirable ; pour nous, ils sont les initiateurs de la sculpture. Quiconque peut les comprendre doit en tirer un grand parti dans son art. La belle sculpture des Égyptiens est l'école la plus sûre qu'un élève puisse suivre en commençant. Ils ont admirablement compris la ligne et l'emploi de la matière. La Planche V représente le trait d'un sphinx de granit, d'une grande noblesse et d'une grande beauté de style. Les deux figurines de bronze, d'une tout autre composition, dont l'une Vénus, l'autre un Faune, nous montrent un excellent exemple de la différence de l'emploi des matières : la pierre, le marbre, réclament des formes liées, ramassées, groupées entre elles, pour obtenir plus de solidité; le bronze, au contraire, l'argent, l'or, tous les autres métaux, permettent des compositions légères et dégagées, les combinaisons les plus hardies dans la composition. Dans les matières fragiles, le marbre et la pierre, les belles lignes, la beauté chaste et pure, la sévérité, le grand caractère, la solidité; dans les autres, la grâce, le caprice, la légèreté...

Mais revenons à notre modèle en terre : c'est ce qu'il y a dans l'art de plus simple, de plus facile, de plus naturel à exécuter, puisque l'on peut s'en rendre compte d'une manière palpable, en le touchant. Après avoir exécuté le modèle avec tout le soin possible, surtout pour l'ensemble, pour la place certaine de chacun des membres bien soudés, bien attachés; après avoir étudié avec soin tous ses profils (car il y en a autant qu'il y a de côtés ou d'aspects sous lesquels on peut regarder une statue), on procède au moulage en jetant du plâtre liquide sur la statue d'argile, sur son modèle, plâtre qui, par sa nature, ne peut jamais se lier à l'argile; on retire la terre de son creux, puis, l'ayant lavé avec soin pour retirer ce qui restait de terre, on jette un autre plâtre, après avoir savonné et passé à l'huile ce même creux, afin que le plâtre que l'on coulera liquide ne s'y attache pas... Puis, brisant ce creux, on a en plâtre la statue, le modèle que l'on avait en terre. On l'exécute ensuite en telle matière que l'on voudra : en bois, en pierre, en marbre, en bronze, en argent, en or, selon qu'on l'a composée en vue de la matière employée pour son exécution finale.

Bien des fois nous avons entendu des personnes s'extasier sur l'exécution immédiate du marbre, de la pierre ou du bois, sans passer par les opérations du modelage en terre. Pour l'exécution du marbre, surtout, cette manière prudente d'opérer, cette exécution n'a pourtant rien d'étonnant, cela paraît extraordinaire; car le moindre sculpteur de saints en bois, dans son village, ne fait presque jamais de modèle; comme le sculpteur d'ornement, il travaille en pleine matière : leurs ouvrages étant peu payés, ils sont forcés de faire vite. Si l'on fait un modèle, c'est pour se rendre un compte fidèle de l'effet de l'œuvre, avant de toucher à une matière précieuse ; si, devant un bloc de marbre, on hésite avant de le sacrifier, avant de s'être assuré de ce que l'on y fera, c'est que l'on veut perfectionner l'œuvre dans une matière facile à travailler, que l'on peut modifier et changer, afin de plus de certitude, avant de passer à l'exécution au marbre. Puis cette terre molle obéit aux doigts avec la promptitude de la pensée. Donc, le travail du marbre n'a rien de merveilleux, pas plus dans une statue que dans une cheminée ; c'est le sentiment qui l'anime, c'est la science de l'artiste qui signifie quelque chose, qui en fait le prix. L'exécution promptement dite, le travail du marbre est peu de chose ; le savoir, le sentiment sont tout. Si l'on a pris l'habitude de faire un modèle en terre ou en cire, c'est afin de s'assurer de ce que l'on veut faire. C'est un moyen d'étudier sa création ; une œuvre, pour être parfaite, a besoin de passer par tant d'épreuves ; il faut corriger tant de fois, tant travailler pour la compléter : or, à l'aide du modèle en terre, on peut faire et défaire, chercher ce qui manque, arriver enfin à un résultat satisfaisant.

Il faut, pour devenir un statuaire éminent, connaître l'art à fond sur toutes ses faces : il n'y a pas de sculpteur célèbre qui n'ait été peintre, graveur et architecte, en même temps que fondeur et ciseleur. Phidias avait fait de fort belles peintures avant d'être chargé des sculptures du Parthénon, à Athènes. On cite, entre autres preuves, qu'il avait été choisi par Périclès pour peindre son portrait ; ce qui montre qu'il était un grand peintre avant d'avoir prouvé qu'il était un grand sculpteur. Avant de le savoir positivement, nous en avions la certitude ; rien que par l'étude, par l'examen de ses sculptures, nous étions convaincus qu'il devait avoir peint ! est-ce qu'il pouvait en être autrement ? Ses sculptures sublimes auraient-elles cette souplesse, cette morbidesse, ce dessin élégant, ce modelé subtil, gras et fin, palpitant, plein de coloris, s'il n'eût été qu'un habile travailleur de matière, un habile tailleur de pierre ou de marbre. Certainement non. Les connaissances générales de l'art donnent seules cette ampleur, ce laisser-aller, cette grâce, cette noblesse, ce naturel dont le fragment de bas-relief de la Planche VI, avec les sculptures du temple de Thésée, la Vénus de Milo, nous donnent une juste idée (1).

(1) Voir les planches de l'album lithographié.

La Planche VII est une de ces charmantes cariatides grecques, aujourd'hui dans la villa Albani, à Rome : le goût, le style, tout y est. C'est un exemple de l'unité, de l'harmonie, qui doivent régner entre un fragment, une partie de sculpture monumentale tenant à un édifice, et cet édifice lui-même. Comment nier l'absolue nécessité de connaître, d'étudier les lois, les conditions des ouvrages d'architecture, pour être un sculpteur distingué.

Les Planches VIII et IX représentent le fils Balbus. Cette belle statue équestre est au musée de Naples, si riche en bronzes antiques, en peintures antiques, en merveilles antiques de toutes sortes : là, encore, les conditions monumentales sont observées ; cet immense tronc placé sous le ventre du cheval, cette colonne, la solidité de l'œuvre, est abordé franchement : c'est par elle que cette magnifique statue équestre a pu nous être conservée en traversant les siècles. Comme tout est simple et grand dans ce chef-d'œuvre ! Que les élèves méditent sur ces lignes si belles et si calmes, et ils prendront en horreur, comme nous, tout le fatras, les colifichets faux, maniérés de ce prétendu art des modernes, si papillotant, si tourmenté, qu'il fait pleurer la simple vérité.

Nous ne terminerons pas sans recommander à leur admiration et à leurs études continuelles ces beaux ouvrages : la Vénus de Milo, au Musée du Louvre, le Gladiateur combattant, le Germanicus, les plâtres d'Athènes, tout le Parthénon, le fronton, les bas-reliefs, les métopes, le temple d'Égine, dont les marbres sont à Munich ; sculptures simples et sévères, profondes et sérieuses, qui sont à l'art de Phidias ce que la peinture de Masaccio est à celle de Raphaël et de Michel-Ange, dont nous ne parlerons surtout que comme peintre, parce que sa sculpture est ronde et maniérée, et qu'il invente des muscles ; la charmante statue du petit Tireur d'épine, travail grec naïf, exquis !... D'autres antiques encore nous ramènent dans la voie de la vérité. Tout ce qui vient d'Athènes, tout cet art athénien respire un air si virginal, si pur, qu'auprès de ces chefs-d'œuvre le reste grimace et pâlit. Les beaux bustes de Vitellius, du Médecin grec et du petit Néron, au Cabinet des médailles à la Bibliothèque nationale, etc.

La Planche X est un bas-relief de Lucca della Robbia. Ce bas-relief, tiré de la collection qui est à la Galerie des offices à Florence, était à peine connu quand je le dessinais en 1830 ; quoique n'étant pas une sculpture antique, je le donne néanmoins comme un modèle de sentiment, de charme, de naïveté, de grâce et de goût. C'est moins élevé, moins pur, moins chaste que la sculpture des Grecs ; mais c'est naturel, charmant et plein d'expression. A Florence, depuis des siècles, Michel-Ange fait grand bruit, il accapare l'admiration par ses sculptures extraordinaires des Tombeaux des Médicis. Quoique plus ému que nul autre devant ces sculptures prodigieuses, nous n'avons pas cru devoir donner un de ces ouvrages, pas même le Pensieroso, son chef-d'œuvre. Cette statue est profondément pensée, comme la plupart des ouvrages de Michel-Ange ; mais il y a une si grande dose de manière, une tendance si marquée au boursouflé, que nous considérons ce grand génie comme l'un des hommes les plus dangereux à suivre pour les jeunes gens qui se livrent à l'étude des beaux-arts. Pour eux, il y a une règle dont ils ne doivent jamais s'écarter : c'est qu'il y a quelque chose de plus beau, de plus complet, que tout ce que les hommes ont créé : *c'est la nature*, c'est l'œuvre de Dieu ; hommes, femmes, animaux, plantes, etc., etc. Ce qui est vivant doit être notre étude continuelle. La nature donc doit nous servir de modèle ; c'est elle qui doit nous inspirer. Mais il faut apprendre à la rendre, cette nature, apprendre à la voir, la faire passer de son état physique, moral et réel, dans un ouvrage d'art. Quel moyen ? Il n'y en a qu'un : celui de voir les plus beaux ouvrages, les ouvrages des plus éminents artistes ; rien que ceux-là. Pour apprendre à se former le goût, interroger les plus grands génies ; savoir comment ils s'y sont pris, partir de Phidias et des autres Grecs comme moyen pratique, pour rendre ; puis, fouiller en soi-même, découvrir dans la nature quelque chose de plus beau, de plus parfait, de plus complet que les ouvrages miraculeux des Grecs. Car la nature est cela ; elle est plus belle, plus réelle, plus complète que tous ces beaux ouvrages : il ne s'agit que de savoir la rendre telle qu'elle est.

La France a eu de grands sculpteurs ; le Puget et Jean Goujon sont les premiers statuaires français. Nulle autre contrée de l'Europe, depuis trois siècles, n'a pu les surpasser ni même les égaler. Puget, né à Athènes, à l'époque de Périclès, eût été un autre Phidias.

Un élève doit dessiner avec soin tous les chefs-d'œuvre des Grecs, puis en garder les dessins en portefeuille, les regarder souvent, faire des calques d'après les vases étrusques, les peintures antiques, et dessiner d'après nature. Très jeune, il doit s'exercer à travailler toutes les matières : le bois, la pierre, le marbre, le fer même ; fondre en bronze et ciseler ;

savoir à fond toutes les parties que l'on traite superficiellement dans ce cours; de plus, il doit connaître l'histoire et la littérature, etc., etc. Un artiste doit avoir des connaissances universelles, puisqu'il traite de l'universalité des choses existantes.

Avant de quitter cet aperçu général, un peu trop bref peut-être, nous dirons que, dans la sculpture comme dans la peinture, une *bonne composition* est celle qui exprime bien son sujet, le fait sentir profondément à celui qui la regarde. Il est rare que les lignes d'une composition ne soient pas bonnes et harmonieuses, lorsque le sujet est bien exprimé, bien rendu. Il n'y a donc pas plus de recette pour faire une bonne composition sculptée qu'une bonne composition en peinture. L'observation de ce qui produit bon effet, de ce qui fait bien; puis, la raison sublime illuminée des hommes touchés d'un éclair d'en haut, voilà tout le secret des belles œuvres, des compositions excellentes. On apprend à arranger, mais on n'apprend pas à créer... on n'apprend pas le sentiment, on n'apprend pas ce qui bat dans le cœur : c'est ce qui conservera à l'art une position à part, position sublime que les découvertes de la science ne pourront jamais diminuer...

En observant l'art chez les peuples différents, l'art qui est l'histoire véritable de ces peuples, nous trouvons des excentricités aux deux pôles opposés : dans l'Inde, à l'extrême sud, une exubérance folle, exagérée, reflet d'une nature surabondante; leurs figures de divinités sont des monstres avec un nombre infini de mamelles rondes comme des boules, d'innombrables ornements surchargés et sans goût : c'est laid et d'une folie extravagante. Dans l'extrême nord, les cervelles, creusées par des rêves infinis, créent des êtres insaisissables comme leurs brouillards. C'est donc au milieu du globe, à cette belle position de l'Orient, que l'art a été créé, a montré sa limite, ses belles qualités, sa juste mesure, son goût réel : *ni trop, ni trop peu.* Les Grecs du temps de Périclès ont touché le but : que leurs œuvres soient le phare qui nous éclaire, mais ne nous faisons pas leurs pâles copistes, leurs faibles imitateurs. Partons de leurs chefs-d'œuvre comme moyen d'exécution, comme point de départ; ils sont d'excellents modèles à suivre; mais lorsque nous sommes aux prises avec la création, fouillons en nous-mêmes, suivons seulement notre propre inspiration, sous peine de ramper comme des myriades de plats copistes *mort-nés*, la honte des arts, qui rampent sur la terre enveloppés dans la matière, au lieu de s'élever par le génie, par la liberté, dans la voûte éthérée du ciel et de la gloire.

Que ceux qui se sentent une foi dans leur cœur marchent sans se troubler, sans se laisser abattre ni par les ronces de l'envie semées sur leur route, ni par les succès faciles de leurs émules ; la *négation*, l'obstacle ne manquent jamais à celui qui est créateur, à celui qui n'est pas vulgaire, qui ne marche pas dans les sentiers battus par le commun des hommes, mal frayés par l'ignorant et pédantesque enseignement des écoles ; que leur boussole soit la tradition des chefs-d'œuvre des grands maîtres ; leur modèle, la nature. Qu'ils marchent hardiment avec ces guides sûrs ; qu'ils aillent comme une flèche, droit à leur but. Les ongles de l'envie, la méchanceté débile des sots s'émousseront sur leur conscience cuirassée, et si, pendant leur vie, malgré leur excellente cuirasse, ces griffes et ces dents leur ont fait des blessures, que l'on s'est plu à faire saigner le plus souvent possible, qu'ils se consolent de la vraie consolation de tout artiste sérieux et consciencieux : après eux, leurs œuvres seront considérées pour ce qu'elles valent. Le jour de la justice luira pour eux ; après leur mort, si ce n'est pendant leur vie, la somme de qualités qu'ils auront mise dans leurs ouvrages leur sera comptée pour ce qu'elles pèseront dans la grande balance du temps. Patience et persévérance, c'est la moitié du génie.

PEINTURE.

La peinture est en même temps sculpture et architecture, puisqu'elle n'existe, comme ces deux arts, que par la ligne, la forme et l'effet.

Si l'on pouvait la séparer de ses deux sœurs, on dirait avec raison que sa qualité essentielle, en tant que peinture, c'est l'*effet*; comme le principe de l'architecture est la *ligne*, comme celui de la sculpture est la *forme*.

Mais on comprend que si l'effet est une condition principale de la peinture, on ne peut lui retirer la ligne et la forme. Que serait l'effet tout seul, la couleur même, sans ligne ni forme? Le chaos.

Donc, la ligne tracée, la forme modelée en vue de l'effet sur la toile, avec du blanc et du noir, mêlé d'un peu de brun-rouge pour lier harmonieusement le noir au blanc, mis en rapport de la scène générale, dans l'harmonie de l'ensemble, une seule lumière éclairant le tout, vous avez l'unité de l'effet, condition essentielle de toute œuvre d'art en peinture.

Une loi générale frappe dans toute œuvre de peinture : c'est le moyen d'enlever un corps sur un autre par l'effet; c'est d'enlever un corps blanc sur un corps noir, ou enlever un corps noir sur un corps blanc. Ce qui faisait dire à M. Granet, homme éminent pour ses qualités de peintre d'effet, que la peinture était du blanc sur du noir, du noir sur du blanc.

Ce que nous formulerons, nous, par cet axiome de la peinture : l'ombre et le clair; car tout corps qui vit sous le ciel, qui reçoit la lumière, a aussi son ombre, comme nous l'avons appris, en commençant, à la planche de la lumière naturelle et à celle de la lumière artificielle.

Ces deux grands principes posés du clair et de l'ombre, si importants dans l'effet en peinture, nous irons aux demi-teintes et au clair-obscur :

moyens magiques de l'art, mais subordonnés aux grandes lois du clair et de l'ombre, ses descendants, en même temps que la conséquence des premiers, mais toujours soumis à leur loi.

PLANCHE I.

Avant de nous étendre sur ce sujet, nous allons, par l'exemple d'un grand maître, prouver que notre enseignement du dessin est juste ; que la pratique nous a enseigné les mêmes lois dont Léonard de Vinci se servait pour dessiner. Cette tête, de Léonard, est un grand enseignement. Sur la même planche, son dessin à la plume que nous avons tâché d'imiter, afin de le rendre tel qu'il est de sa main, nous montre son procédé de composition, qui était de jeter ses premières lignes avec un crayon, puis de les passer à l'encre. Ce dessin est la première idée de son tableau de la Vierge sur les genoux de sainte Anne, qui est au Musée du Louvre. Dans ce croquis de premier jet, on comprend toute la science, tout le génie de Léonard de Vinci ; on devine même la tendresse de sa peinture (1).

La première qualité d'une composition est de bien exprimer son sujet, de manière à saisir, à frapper du premier coup d'œil celui qui regarde. Il n'y a de beau dans l'art que ce qui est saisissant par un côté éminent. Une chose à remarquer, c'est que *jamais* une composition bien exprimée ne donne de mauvaises lignes de composition. Ainsi Rembrandt, comme Léonard de Vinci, Raphaël et Michel-Ange, de même que Titien et Paul Véronèse, aussi bien que Lesueur et le Poussin, trouvent des lignes harmonieuses lorsqu'ils ont bien senti et bien rendu leur sujet.

Après avoir étudié sur la nature des lignes heureuses, comme on les voit dans les pays accidentés, dans des réunions d'hommes, de femmes et d'enfants, qui nous fournissent des exemples continuels à consulter comme bon agencement de lignes : ce qui m'engage à répéter à ceux qui aiment l'art, d'avoir continuellement sur eux un calepin, une feuille de papier, pour prendre d'après nature, dans la rue, sur les routes, dans les champs, sur les fleuves, ces lignes variées de la composition. S'exercer à cette étude, c'est se meubler l'esprit, c'est apprendre à

---

(1) Voir les planches de l'album lithographié.

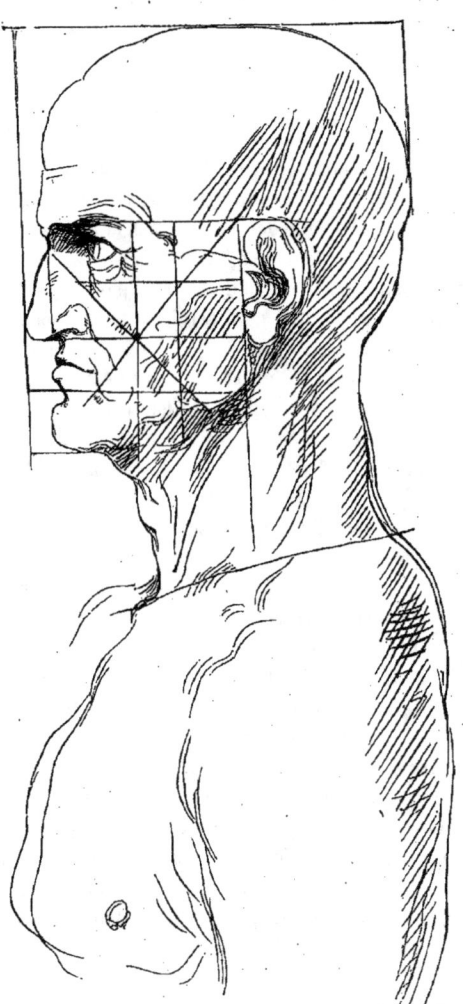

composer. La mémoire, qu'il faut exercer continuellement, est éphémère. La vie, c'est le mouvement; le but de l'art est de rendre cette vie, ce mouvement. Quelques lignes que vous aurez fixées sur votre album vous rappelleront l'effet que vous n'aurez pas eu le temps de saisir, de fixer.

Il m'est arrivé, sur de simples traits jetés à la hâte, de peindre un effet saisissant, tel que je l'avais vu d'après ces simples lignes qui, chaque fois que je les regardais, le rappelaient tellement présent à ma mémoire, que, prenant la palette plusieurs années après, à l'aide de ces quelques lignes, je pouvais le peindre tel qu'il m'avait impressionné.

Cet exercice est important pour le sculpteur et l'architecte; il est indispensable pour le peintre. Devant cette nature vivante, composée de lignes si harmonieuses, vous apprenez à votre insu l'agencement des lignes naturelles.

Par cet exercice souvent répété vous apprenez les grandes lois des lignes heureuses, des effets heureux. En même temps, cette nature, si riche, si belle, si variée, s'insinue dans votre être par vos sens, vous pénètre de façon que, rentré dans votre atelier, la toile que vous aurez sur votre chevalet, qui serait criarde de couleur, fausse de ton, inharmonieuse de lignes, serait par vous immédiatement sacrifiée. En un mot, la nature comprise, enseignée par les grands maîtres, par leurs chefs-d'œuvre, voilà la loi à laquelle il faut obéir, si l'on veut arriver à quelque chose, sans pour cela perdre de son originalité, qui existe en nous sans que nous la cherchions : celui qui n'est original qu'en cherchant à l'être, n'est qu'un être maniéré sans cachet, sans véritable originalité, ennuyé et ennuyeux pour tout le monde.

Nous l'avons dit, nous le répéterons à satiété, la base de l'art, c'est la ligne. Mais il y a un côté important encore, surtout en peinture : c'est l'effet, qui consiste dans un rapport de quantité de clairs et d'ombres. Le peintre, comme le sculpteur, comme l'architecte, doivent combiner ces rapports, lorsqu'ils composent un monument, une statue, un groupe, un tableau. Un tableau se compose surtout par des valeurs de clairs et d'ombres, de demi-teintes, de clair-obscur et d'harmonie. Ces qualités entrent pour beaucoup dans le succès de l'œuvre du peintre. Les rapports dans les couleurs sont aussi dans les mêmes conditions de valeur, de quantité.

Les maîtres harmonistes, comme Giorgion, Van Dyck, Bonifazzio, Titien, Corrége, Vélasquez et Rembrandt, ont surtout notre sympathie.

La nature, la campagne en hiver, est le grand modèle de l'harmonie à étudier et à consulter. Les arbres n'ont plus de couleurs brillantes, mais des tons sourds et profonds, produits de l'humidité pénétrée dans les pierres, dans les terres, dans les branches des arbres ; partout le suc coloré, si riche et si fort, qui produit de si beaux tons.

En automne, les fleurs sont colorées de teintes puissantes, rompues, harmonieuses : les groupes de fruits sont des modèles harmonieux d'une variété infinie et d'une puissance qu'aucune imagination ne saurait inventer. En été, l'éclat resplendissant des couleurs; au printemps, les tons suaves, fins et délicats

Là, comme partout, la puissance de Dieu se révèle, se fait sentir ; malheur au sot vaniteux qui croit trouver en lui-même, dans son propre fonds, la sublime invention de la nature! Les œuvres des maîtres nous enseignent à leur manière comment on rend la nature par les moyens de l'art.

Les plus forts, croyez-le bien, sont ceux qui, parmi les plus grands, ont su voir, découvrir un côté de cette sublime nature, un côté de la vérité. C'est le champ ouvert à tous les génies futurs. La nature est un grand livre ouvert à tous les yeux, où bien des pages n'ont pas encore été traduites par les hommes. Heureux, mille fois heureux celui dont le cœur bat devant l'harmonie des fleurs, devant leurs couleurs charmantes, épanouies! heureux ceux qui se réjouissent à cette vue splendide de la nature entière, comme ils se réjouissent à entendre les accents d'un orchestre puissant et harmonieux! Pour ceux-là l'art aura un résultat; pour ceux-là, l'amour qu'ils ressentent par les besoins d'expansion de leur âme : la nature leur montrera un côté que nul autre avant eux n'aura aperçu ; c'est alors qu'ils se diront, comme le Corrége devant les belles peintures de Raphaël : « Et nous aussi nous sommes peintres. » Corrége voyait, sentait en lui un côté suave, délicat et tendre par la couleur, que Raphaël n'avait pas éprouvé, qu'il n'avait pas vu, mais qu'il avait admirablement exprimé par le dessin.

Combien y en aura-t-il encore ?... Et par combien de côtés ?...

Quel est le peintre qui a rendu l'heure de l'aube matinale, l'heure crépusculaire du soir? On ne peut faire un pas au milieu de la nature, lorsqu'on l'aime sincèrement, sans rencontrer un nouveau motif pour l'art.

Quel est l'artiste sérieux, instruit, amant de la nature, qui n'ait pas vu mille choses nouvelles, qu'aucun peintre d'aucun temps n'avait encore vues avant lui ?

Quel est le pouvoir magique qui nous attire vers les œuvres divines des grands maîtres? La même impression, dans leurs ouvrages, que nous avons éprouvés devant la nature : c'est parce qu'ils nous rappellent ce que nous avons vu, que nous sommes attirés vers eux, que nous les aimons.

Pour bien composer, il faut donc sentir d'abord, puis savoir exprimer ce que l'on sent, afin de le faire ressentir aux autres.

Le mérite de la couleur n'est que le résultat d'un sentiment naturel mêlé à l'observation. Les natures sensibles et fines seront touchées par la délicatesse d'un ton fin : ainsi sont, en première ligne, Vélasquez, dans ses portraits d'Infants, à Madrid ; Van Dyck, Corrége ; d'autres par la localité des tons forts, comme Giorgion, Titien, Bonifazzio, à Venise ; Masaccio le Ghirlandajo, à Florence ; d'autres, par une couleur sévère et forte, comme Michel-Ange, Sébastien del Piombo, Raphaël, Daniel de Volterre, etc.; d'autres, violents, comme le Caravage, Tintoret, Murillo, Zurbaran, l'Espagnolet, le Valentin ; d'autres, brillants, splendides, comme Rubens, Paul Véronèse et Claude Lorrain ; ou bien, mélancoliques, comme Van Dyck, Poussin, Ruysdaël, Huysmans, Rembrandt, Terburg, etc.; d'autres enfin, dont la couleur douce n'est pas sans charme, comme les fresques d'Angelico da Fiesole, au Vatican ; les tableaux de la vie de saint Bruno, d'Eustache Lesueur, au Louvre.

PLANCHE II.

La Planche II est une composition du divin Raphaël : c'est la création de l'homme par Dieu. Ce que nous pourrions dire sur cette composition serait insignifiant à côté de cette sublime création. Nous ferons observer qu'ici les lois de la composition sont bien telles que nous les avons définies ; un sujet n'est bien exprimé que lorsqu'il est rendu saisissant pour celui qui le regarde. Bien composer signifie donc bien rendre sa pensée, bien l'exprimer, la rendre saisissable pour ceux qui regardent, de manière à les impressionner vivement, profondément, dans le sens qu'on a voulu le faire.

Il y a dans le monde une idée généralement acceptée, c'est que pour faire une œuvre d'art, un chef-d'œuvre en littérature, en musique, en peinture, en sculpture ou en architecture, mais en peinture surtout, il fallait être une sorte de fou, de même que l'on est convenu dans ce même monde qu'un mathématicien, qu'un savant est une bête. Ce monde-là, si spirituel alors qu'il pense ainsi, oublie que ceux qu'il traite de bêtes et de fous sont des hommes qui cherchent continuellement dans leur cerveau les plus hautes combinaisons de la raison humaine ; que leurs efforts, inspirés par les sentiments les plus nobles, les plus désintéressés, leur font oublier parfois de se plier à certaines habitudes, à certaines exigences de la société, si mesquines, si étroites, si niaises, que souvent ils les dédaignent ou les brisent pour les mettre sous leurs pieds. On oublie que c'est à leurs travaux, à leur profond amour pour l'humanité, que l'on doit, non-seulement les jouissances causées par l'admiration, mais encore les choses utiles, indispensables à la vie de chaque jour.

Ensuite, de jeunes adeptes, dans la fougue de leur jeunesse, croient que le génie c'est l'extravagance. Il faut, pour se tenir en garde contre ces folies, qu'ils aient présente à l'esprit cette idée vraie d'André Chénier : que le *GÉNIE, c'est la raison sublime*....

Au surplus, nous n'apercevons nulle trace de ces extravagances, de ces exagérations, pas plus dans leur vie intime que dans les ouvrages des plus grands maîtres ; au contraire, ceux qui se sont élevés le plus haut, sont ceux qui ont été les plus simples, les plus naïfs, les plus sages, depuis le commencement jusqu'à la fin de leur vie, souvent si pénible, si difficile, toujours si laborieuse, et presque toujours si douloureuse !...

Toujours doutant d'eux-mêmes, toujours à la recherche du beau par le vrai, c'est parfaitement logique ; car si, au début, dans l'ignorance de la jeunesse, on joue au maître, on n'apprendra rien. On pourra faire certains tours de force, qui attireront quelques applaudissements de la part des ignorants, mais au bout de fort peu de temps ces mêmes applaudissements feront défaut. Combien n'avons-nous pas vu de réputations se faire avec engouement et tomber à néant ! c'est l'histoire du bateleur qui se fait applaudir un jour, puis disparaît ignoré ou se casse le cou.

La méthode, l'ordre seuls font monter l'échelle du progrès. On accepte volontiers des leçons de danse, d'équitation ou d'escrime ; on veut bien apprendre méthodiquement la manière de se tenir à cheval, de le mener logiquement, mais l'on se refuse obstinément d'apprendre à peindre, à sculpter méthodiquement.

Peut-être que la faute n'en est pas seulement aux élèves ; ils voient des hommes devenir célèbres, faire des ouvrages prônés, chantés et bien payés, rapporter à leurs auteurs honneur et profit. Ils font comme leurs maîtres, ils font des œuvres qui ne vivront qu'un jour, mais qui leur rapporteront peut-être des honneurs et des profits. Pourtant il arrive un âge où ces hommes qui, parfois sont bien intentionnés, s'aperçoivent de la fausse route qu'ils ont suivie, se prennent à regretter leur mauvaise éducation. Au fond de leur conscience, ils se disent : J'ai été mal enseigné, j'ai mal appris ; je ne sais rien!... Alors, s'ils sont assez forts, s'ils sont assez honnêtes, assez consciencieux, assez intelligents, s'ils sont de véritables artistes, ils se remettent à apprendre, et au lieu de suivre les faux errements de l'atelier, dans la solitude, ils se mettent à étudier les beaux ouvrages des grands maîtres, et, au lieu d'y trouver le hasard, le faux sentiment, les mauvaises habitudes des ateliers, ils y trouvent des œuvres simples, successives, faites naïvement et sans ambition, des œuvres faites avec la conscience, avec le cœur, avec le temps.

Le moindre examen apprendra qu'il y a impossibilité de trouver, telle adresse de main, telle subtilité d'esprit qu'on ait, en même temps et du même coup, à la même heure, la ligne, la forme, la couleur, l'effet, l'harmonie, les reflets, tant de choses déjà si difficiles à obtenir successivement pour arriver à bonne fin.

Il y a un proverbe italien qui semble fait pour les peintres sérieusement épris de leur art : *Chi va piano, va sano, e chi va sano va lontano* : Qui va lentement, doucement, va sainement, qui va sainement, va loin !

Allez donc avec ordre et sûreté; cherchez longtemps la place des choses, les rapports exacts des formes entre elles par la ligne, par la forme, par la quantité du clair et de l'ombre; lorsque vous serez assuré de votre dessin, non pas d'un simple trait, mais du dessin modelé; car, en peinture, il y a quelque chose de plus difficile qu'en sculpture et en architecture, c'est la couleur, si difficile à employer ; c'est le dessin qui se fait sentir en saillie par le clair et par l'ombre, par le modelé et le clair-obscur. C'est le dessin qui vient en avant.

Le dessin bien trouvé, peignez en grisaille, avec du blanc, du rouge et du noir ; dans les chairs, pour vos demi-teintes, mêlez une légère teinte de bleu, vous obtiendrez des délicatesses infinies. Ayez soin d'empâter vos lumières, le tout grassement, avec du blanc, le tout préparé sans épaisseur, sans croûtes inégales, sans dureté, afin de ne pas trouver des obstacles d'exécution lorsque vous terminerez.

Laissez bien sécher, retournez votre toile et travaillez à un autre ouvrage; allez souvent vous promener au Musée; voyez comment les maîtres s'y sont pris; découvrez leur manière dans leurs œuvres. Cherchez dans leurs écrits, comme dans leurs ouvrages, leur façon de procéder; éclairez-vous de leur expérience; surtout allez vous promener en plein air dans les champs, recherchez ce qui, dans le lieu que vous habitez, vous rappellera votre ouvrage vivant, animé; ayez toujours votre calepin dans votre poche, fixez-y toutes vos bonnes fortunes, car il vous arrivera ceci : qu'au moment où, plein de votre sujet, interrogeant la nature pour qu'elle vous explique votre œuvre, encore enveloppée d'un nuage, vous serez frappé de mille choses nouvelles et inattendues, qui seront autant de nouveaux sujets, de nouvelles compositions, de nouvelles découvertes que vous ajouterez à votre bagage, à vos bonnes fortunes de la veille.

Lorsque vous aurez oublié votre ébauche en grisaille, que vous n'aurez amenée à ce point qu'après avoir fait des dessins, des cartons, des esquisses peintes, qu'après avoir fait des maquettes modelées de chacune de vos figures; alors seulement, bien assuré de votre composition, de votre effet, de vos formes, de la valeur de vos objets, certain, arrêté sur ce que vous voulez faire, quand votre tableau sera dans votre tête, comme une glace le reflétant fini dans votre cerveau, vous commencerez à peindre avec les diverses couleurs; après vous être assuré que votre grisaille était bien sèche, vous peindrez blond, solidement, grassement et sans dureté, pour avoir toujours la faculté de rectifier, pour améliorer : nous disons rectifier, et non pas changer.

Nous savons aussi bien que quiconque, que du jour où l'on aperçoit sur sa toile une erreur grossière, une figure manquée, qui fait crier ceux qui voient votre ouvrage, dans ce cas notre avis est de montrer à tout le monde ou bien de ne montrer à personne; alors que tous blâment, si votre conviction est ébranlée, il faut impitoyablement gratter, mais ce sont des partis extrêmes qu'il ne faut prendre que quand le mal est incurable.

Ici nous donnons les moyens d'une bonne exécution; nous devons dire et répéter que si l'artiste ne s'était pas tant pressé de mettre sur sa toile, avant de s'être bien assuré de son œuvre, il n'aurait pas eu à fatiguer sa toile. Raphaël, ce grand et sublime maître, est plein de défauts et de choses corrigées : souvent on aperçoit sous sa peinture, comme dans le délicieux portrait qui est à la tribune de Florence, un œil dessiné à la plume qui reparaît beaucoup trop bas sous la couleur. En même temps qu'il ne craignait pas de se corriger, Raphaël, dans sa haute sagesse, dans sa raison sublime, tenait à conserver ce qu'il avait trouvé. Combien de fois, pour ne rien perdre de ses inspirations, n'a-t-il pas été jusqu'à piquer soigneusement ses dessins pour les poncer ensuite sur sa toile!

Lorsque notre tableau fait successivement, chaque morceau exécuté en vue de l'ensemble, grassement, avec souplesse et solidité, évitant le noir et le dur, notre œuvre est blonde et harmonieuse : mais il manque l'éclair qui doit l'illuminer. C'est alors que la fièvre de la passion amoureuse doit posséder l'artiste : un tableau qui a duré dix ans à faire est terminé en un seul jour; c'est à ce moment suprême que l'œuvre sera belle ou médiocre. Par des glacis, par des touches grasses et lumineuses justes à leur place, d'autres vigoureuses, vous ferez avancer ou reculer chaque objet que vous amortirez, que vous éteindrez ou que vous ferez ressortir de votre toile; c'est alors que la raison sublime de Chénier vous viendra en aide. Mais ne vous découragez pas : à la fin de journées laborieuses, croyant votre œuvre achevée, ayant même trouvé de bonnes choses, vous n'aurez pas encore fini; laissez sécher, bien sécher vos couches successives, et lorsque plus tard le calme sera revenu dans vos esprits, ce que vous aviez cru fini ne vous le paraîtra plus; attendez encore qu'un besoin incessant vous pousse à y remettre ce qui vous semble y manquer, ce que vous croyez pouvoir y mettre encore. Allez toujours ainsi tant que vous vous sentirez. Mais du jour où vous croirez que vous êtes au bout de vos moyens, que vous n'aurez plus rien à y mettre pour l'améliorer, abandonnez-le à sa destinée, n'y touchez plus, car vous le gâteriez, et passez à un autre ouvrage où vous éviterez les fautes que vous aurez remarquées dans ce dernier.

Croyez qu'en faisant ainsi, vous aurez plus acquis que vos voisins, qui, pendant que vous avez fait une œuvre, une seule, en ont fait cinquante, sans étudier, sans réfléchir, sans chercher! C'est pour l'artiste peintre, sculpteur, architecte, qu'a été faite cette maxime : *Cherchez et vous trouverez*. Cela n'empêchera pas qu'à un jour donné, pressé par la nécessité, vous ne fassiez très vite une bonne étude au premier coup, un beau portrait, un bon morceau fait vite, un bon ouvrage où vous réunirez dans vos efforts, et d'un seul coup, toutes vos études passées.

Soyez assuré que ceux qui procèdent autrement ne laisseront rien de sérieux, rien de valable après eux. On ne voit dans les œuvres des hommes supérieurs que le fruit de leur génie; on oublie trop les études par lesquelles ils sont passés pour arriver au beau résultat que nous admirons.

PLANCHE III.

La Planche III est le portrait de Masaccio, qui est extrait d'une fresque de ce grand maître. Cette peinture, qui est placée à la galerie des portraits à Florence, a été enlevée avec le fragment du mur où elle est peinte, et qui a été scié; ce portrait est un des plus excellents modèles que nous puissions offrir aux élèves. Masaccio semble être un enfant de la Grèce par la simplicité, la naïveté et le grand caractère qui règnent dans tous ses ouvrages, par la ligne géométrique combinée avec un modelé simple et vrai, par le ton local et l'harmonie : comme les Grecs anciens, il n'a peint qu'avec quelques couleurs.

PLANCHE IV.

GRISAILLE DE POLYDORE ET DE CARAVAGE. — Sans teinte rouge, bleue ou verte, nous pouvons faire une peinture pleine d'effet, mettre de la profondeur sur une toile, de l'air même, rien qu'avec du blanc et du noir. C'est ce que fait le graveur d'un tableau, qui rend même le brillant et la couleur des étoffes, tellement que les personnes exercées découvrent qu'une draperie est rouge, qu'un homme est brun, qu'une femme est blonde, d'après une gravure.

Ce qui prouve que l'on peut mettre beaucoup d'effet, beaucoup de couleur même dans une peinture, seulement avec le secours du blanc et du noir.

On peut soutenir avec assurance que le blanc et le noir sont les couleurs fondamentales, la base de toute couleur : la preuve, c'est qu'une palette chargée représente parfaitement la gamme diatonique et chromatique par tons et demi-tons. (GOETHE *soutenait qu'il n'y a que deux couleurs, le blanc et le noir.*)

Blancs.	Jaunes.	Verts.	Rouges.	Bleus.	Noirs.
Blanc d'argent.	Chrome.	Véronèse.		Cobalt.	De pêche.
— de plomb.	De Naples, de Rome.	Émeraude.	Rouges.	Outremer.	D'ivoire.
— de céruse.	Ocre jaune de Rome.		Brun rouge.	Bleu minéral.	Bitume.
	Cadmium, Ocre de rue.		Laques.	Indigo.	Terre de Cassel.
	Jaune indien.				
	Laque jaune.				Momie.
	Terre de Sienne.				
	Terre de Sienne brûlée.				

En suivant cette dégradation du noir au blanc, nous trouvons qu'effectivement toutes les couleurs descendent du noir au blanc, ou montent du blanc au noir. Le jaune est un blanc teinté ; le rouge idem ; en passant par le vert, nous arrivons au bleu, puis au noir. Ces couleurs n'ont de valeur que par le voisinage de la couleur ou des couleurs qui, se liant à elles, forment un ensemble, un tout harmonieux. Ceci est tellement vrai, que vous êtes obligé de prendre un ton de couleur quelconque pour peindre un corps qui paraîtra blanc dans votre tableau ; qu'un linge blanc, recevant le soleil en plein, est éclatant de lumière ; il est même, si j'ose le dire, plus que blanc, puisqu'il nous fait mal aux yeux en le regardant fixement ; tandis que le même linge blanc, placé à certain effet devant le soleil couchant, par exemple, paraîtra noir comparativement au blanc pur. Ceci vous donne un aperçu de la coloration des corps par la lumière.

Nous pourrions citer à l'infini les mêmes phénomènes de l'effet de la lumière sur les corps, pour la coloration de ces mêmes corps. Un morceau de drap noir recevant la couleur de la lumière qui le frappe nous obligera jusqu'à mettre du blanc à l'endroit où il est frappé par elle. Pour avoir une idée de la variété de toutes les couleurs, approchez de la neige un linge très blanc : il paraissait très blanc à côté des choses qui l'entouraient ; à côté de la neige, il sera sale et jaunâtre. Par contre, dans un tableau, le linge qui nous paraîtra blanc est du jaune, quelquefois d'une couleur assez foncée en gris. Que cette simple observation nous serve à séparer la teinte de la couleur ou de l'effet, qui sont choses toutes différentes qu'il ne faut pas confondre.

On peut faire un tableau où les teintes seront charmantes, comme les peintures chinoises, mais ce tableau manquera par l'effet ; il n'aura pas cette harmonie causée par la lumière générale, puis par les reflets de chaque corps l'un sur l'autre. Pour se convaincre de ces reflets, il suffit de mettre un corps blanc près d'un autre corps rouge. Vous verrez tout de suite votre corps blanc prendre la teinte, se glacer d'une teinte rosée du corps rouge dont vous l'approchez.

Ainsi, pour qu'un tableau soit harmonieux, il faut que tous les objets qui s'y trouvent représentés participent du même air qui enveloppe les objets de toutes parts.

Les peintures primitives, égyptiennes, grecques, étrusques et italiennes, sont dans le genre de peinture par la teinte plate : ce genre est celui qui convient le mieux à la peinture murale appliquée à l'architecture (1).

PLANCHE V.

Le paysage de Ruysdaël que nous donnons servira à démontrer la puissance de l'effet par les moyens les plus simples. Ce maître flamand est un des plus grands paysagistes avec Claude le Lorrain et le Poussin; à eux trois ils réalisent le paysage. Une chose à remarquer, c'est que chacun d'eux a conservé dans ses ouvrages, pendant toute sa vie, la physionomie du pays qui l'a frappé dans son enfance. Le Poussin, dans ses tableaux faits au milieu de cette Italie si luxuriante de couleur, conserve la mélancolie, les tons gris, harmonieux et tendres de sa Normandie. Lorsque je passai aux Andelys pour la première fois, c'était à la fin de l'hiver, au mois de mars, j'en fus frappé; lorsque j'allai en Lorraine, en automne, voyageant au commencement d'octobre, dans les après-midi, à l'heure où le soleil baisse, je me trouvais en face, j'avais devant les yeux le modèle qui avait inspiré Claude le Lorrain, celui qui l'avait impressionné dans sa jeunesse. Ruysdaël a toujours peint le ciel et les terrains de la Hollande. Toutes les fois que je me suis trouvé en Italie, je ne me suis jamais souvenu devant la nature, ni des ouvrages de Claude, ni de ceux du Poussin, bien qu'ils y eussent peint leurs principaux tableaux. C'est au milieu du pays qui les impressionna le premier que je retrouvai, sans y penser, ces souvenirs. Ce qui me fait dire que

---

(1) Depuis la première édition de ce cours, depuis bientôt dix ans, nous avons beaucoup peint, et chaque jour nous avons simplifié notre palette. Aujourd'hui nous ne nous servons plus que de sept couleurs, avec lesquelles nous obtenons tous les tons désirables : le blanc d'argent, le jaune de Naples, l'ocre jaune, le vermillon, la laque de garance, le bitume, l'outremer, et, par exception, j'ajoute pour le paysage du cadmium et du vert.

l'on ne saurait trop montrer de belles choses aux enfants; ce qui les frappe d'abord lorsqu'ils entrent dans la vie reste ineffaçable dans leur esprit : les hommes se rappellent toujours les premières impressions de leur enfance. Les artistes et les poëtes passent leur vie à reproduire ces premières impressions.

PLANCHE VI.

Le portrait du Titien que nous donnons est la plus haute expression de l'art du peintre, comme tous les portraits du Titien. Il a les qualités de la ligne architecturale dans son cadre; pour la solidité. Pour l'effet, il est construit comme un monument; pour la couleur, il est sublime! C'est de la belle peinture dans toute l'acception du mot.

La manière d'opérer du Titien est celle-ci. En général, il ébauche avec du blanc, du noir et du brun-rouge; il empâte d'une belle façon ses lumières; ses ombres sont solidement peintes aussi, puis il revient avec des glacis et des lumières du ton : cela donne à sa peinture une grande solidité en même temps que de la transparence. Giorgion employait le même procédé, ainsi que tous les peintres de l'école vénitienne, à commencer par Jean Bellin.

PLANCHE VII.

PORTRAIT DE VÉLASQUEZ. — Ce magnifique portrait de Vélasquez est son portrait peint par lui-même. Autant le Titien, et surtout Léonard de Vinci semblent mettre de temps à exécuter leurs chefs-d'œuvre, autant Vélasquez semble les improviser (1).

Il est certainement le peintre qui a fait les portraits les plus vivants; c'est lui qui a le mieux saisi la nature sur le fait. Bien que son tableau des *Buveurs*, au musée de Madrid, soit un chef-d'œuvre d'exécution, de vérité et d'observation, sans ses portraits miraculeux de distinction, de tournure et d'harmonie, Vélasquez ne serait pas en première ligne.

Il avait l'excellente habitude de peindre de loin, avec des brosses qui avaient des manches extrêmement longs. Dans son atelier, il traçait un triangle équilatéral, au sommet duquel était son modèle; à l'autre

(1) Voir les planches de l'album lithographié.

point, lui, avec ses longues brosses; à l'autre angle, son chevalet. Ceci explique comment ses peintures, qui de près paraissent peu finies, quoique admirablement peintes, semblent très achevées, à quelques pas seulement. Son coloris est fin, distingué et vrai. C'est de lui que l'on peut dire qu'il a découvert un côté de la nature qui n'était pas reproduit avant lui. Les tons argentés de sa peinture sont blonds et tendres dans les lumières; ils deviennent puissants, transparents et vigoureux dans les ombres, tout en restant bien les ombres de ses lumières.

C'est un homme prestigieux, un enchanteur que ce peintre, un véritable génie que Vélasquez.

Après avoir donné des exemples de Titien, Rembrandt, Ruysdaël, Claude le Lorrain, du Poussin, de Vélasquez, nous renverrons les élèves consulter, revoir encore, revoir toujours, étudier toute leur vie les œuvres de Léonard de Vinci, de Paul Véronèse, de Michel-Ange, de Raphaël, du Corrége, etc., leur promettant, outre les jouissances qu'ils éprouveront, un grand enseignement dans l'étude de ces maîtres; leur faisant remarquer que tous les plus beaux ouvrages renferment les trois conditions de toute belle œuvre de l'art. Architecture d'abord, par la construction et la ligne; car avant l'emploi des couleurs, rien que par le jeu de la lumière sur les corps que vous voulez représenter, il y a construction de quantités, des masses du clair et de l'ombre : c'est pour le peintre ce que sont les matériaux pour l'architecte et le sculpteur. Ces valeurs de clairs et d'ombres qui font les saillies, sont le dessin expansif, si je puis m'exprimer ainsi, le dessin de la forme saillante, de la forme, du dessin qui vient en avant. Les plus beaux portraits du Titien sont des modèles accomplis pour expliquer cette loi fondamentale de l'application du principe des trois arts : architecture par la ligne, par la construction, sculpture par le modelé, peinture par l'effet et la couleur.

Dans les belles compositions, dans les beaux tableaux des grands maîtres, nous voyons continuellement l'application, l'emploi des trois branches de l'art sans qu'ils y songent, même à leur insu, dans l'harmonie de l'ensemble qui caractérise leurs œuvres immortelles.

PLANCHE VIII.

Intérieur de Rembrandt, son portrait. — Rembrandt, comme Vélasquez, est un des hommes doués d'un vrai génie parmi les peintres. Si

Vélasquez est un peintre prestigieux, lui, Rembrandt, est un peintre magicien. Avant lui, la perspective aérienne n'existait pas. L'air tamisé, l'air ambiant n'avait pas circulé autour des objets représentés sur une toile. C'est à lui en propre qu'appartient cette portion de la nature qu'il a su voir et découvrir dans le moulin de son père. Toute sa vie, ces effets piquants qui frappèrent ses yeux dans son enfance le poursuivent ; ils lui ont révélé qu'il était peintre. L'air vaporeux qui circule dans ses toiles, qui ont la profondeur de la nature, restera le cachet ineffaçable de ses ouvrages.

Homme de la nature, naïf et vrai, sa manière d'enseigner l'art à ses élèves, qu'il séparait afin de les laisser s'exprimer librement, individuellement, devrait, aurait dû, il y a longtemps, ainsi que l'étude des maîtres, montrer les moyens faux et subversifs des prétendus enseignements modernes. Et ne serait-on pas fondé à dire qu'à l'École des beaux-arts en particulier, à cette école entretenue aux frais de l'État, on enseigne autre chose aux élèves, et tout au plus encore, que le moyen d'exécuter avec un poncis, tel est le procédé ordinaire, de faire un tableau de grand prix de Rome, un projet de grand prix de Rome, une statue ou un bas-relief de grand prix de Rome, etc., etc..... Au nom de la spécialité on transmet, de génération en génération, à l'élève peintre, à l'élève sculpteur ou architecte, le même *calque* et le même *poncis*. Le dernier venu prend le plus grand soin, ne pense à son tour à autre chose que de transmettre le même *calque* et le même *poncis* académique, jusqu'aux temps les plus reculés. Telle était de mon temps la routine scolastique ; depuis, j'ai connu tels professeurs à cette École qui appelaient de tous leurs vœux toute une nouvelle organisation dans l'enseignement (1).

Il suffit de mentionner ce fait, qui parle de lui-même. A l'École des

---

(1) Depuis la publication de la première édition de ce *Cours élémentaire de dessin*, depuis 1851, de grandes modifications, m'a-t-on dit, ont été apportées dans l'enseignement de l'École. Le nombre de médailles accordées cette année aux élèves prouve au moins toute la sollicitude de l'administration supérieure pour cette école du gouvernement. Nous ne désespérons pas d'y voir introduire un jour de nouvelles améliorations et encore plus fondamentales. En première ligne, nous nous permettrons de signaler certains vices, certaines mauvaises coutumes pour la nomination des professeurs. Comme pour la nomination à l'Institut, cette façon électorale, faite en général en famille, oublie un peu trop le côté national, le grand but de l'enseignement, laissant systématiquement en dehors de ces corps, très respectables sous plus d'un rapport, la vie et le mouvement. Et à moins d'être sans physionomie, de se faire le complaisant officieux d'un chef de file, d'un meneur, d'être toujours à la suite, il est bien rare, bien difficile de faire partie, d'arriver à être membre de l'un ou de l'autre de ces corps

beaux-arts, on ne peut faire, dans les concours ordinaires, que de la peinture au premier coup, séchant très vite, par des moyens factices, des huiles frelatées, qui empêchent la peinture de résister aux influences de l'air quelques années seulement. L'élève habitué à ce genre de peinture ne peut plus peindre autrement ; et pourtant il n'y a pas de peintre de bâtiments qui, voulant peindre une teinte solide sur un mur, ne s'y prenne à plusieurs fois, et n'y donne plusieurs couches, en ayant soin de les laisser bien sécher avant de donner une nouvelle couche.

PLANCHE IX.

Le Christ au tombeau, du Titien. — Cette peinture admirable, dont l'original est à Venise, dans la galerie de Manfredi, est un chef-d'œuvre sous tous les rapports, de la ligne, de la forme et de l'effet.

Cette belle peinture, dont nous n'avons pu donner qu'un croquis, est l'une des plus belles pages du Titien ; elle semble être dessinée et modelée par le sculpteur du Parthénon, par Phidias. Sa *Flore*, qui est dans la tribune à la galerie des Offices, paraît être le même modèle qui aurait servi aux figures et aux groupes du fronton de Phidias. C'est cette peinture que nous avons copiée à Florence qui nous a révélé l'analogie, la parfaite identité de ces deux grands maîtres, Phidias et le Titien.

Le corps du Christ est du même modelé, du même dessin, par grands plans, larges, simples et fins, les mêmes plans, le même dessin que ceux des marbres de la frise du Parthénon, dont il rappelle exactement la forme et le modelé, j'oserais même dire la couleur.

Le Titien est le premier maître pour enseigner la peinture ; sa manière d'ébaucher d'abord avec du blanc et du noir, en tenant compte de la couleur future de ce qu'il prépare, est si logique et si sûre, que nous ne saurions trop la recommander aux élèves.

enseignants avant un âge très avancé, ce qui entraîne à de très fâcheuses, à de très graves conséquences. La plus importante de toutes, c'est de voir l'École nationale des beaux-arts de France toujours en retard d'un demi-siècle sur le mouvement des idées et du véritable progrès. Pour arriver au résultat de la synthèse demandée avec une juste raison par le ministre d'État, c'est tout un nouveau programme à créer avec de nouveaux éléments. Ce nouvel enseignement à l'École des beaux-arts n'a rien que de bien rassurant, puisqu'il doit être basé sur l'enseignement synthétique de l'art, tel qu'il a toujours été enseigné et pratiqué dans les plus belles époques, chez les Grecs anciens et pendant la renaissance, ainsi qu'à toutes les époques glorieuses anciennes et modernes, dans les temps heureux de la paix qui ont permis aux hommes d'un véritable génie d'exprimer leur pensée tout entière et sous toutes les formes.

PLANCHE X.

La Création d'Ève, par Michel-Ange. — Celui-ci, que nous avons conservé pour la fin de notre cours, est un génie extraordinaire. Si nous n'avons pas donné de sa sculpture parmi nos planches, c'est que nous le trouvons de beaucoup supérieur comme peintre. Son *Plafond de la chapelle Sixtine* est son œuvre capitale, son chef-d'œuvre. Ses qualités de puissance, de grande tournure, de grand jet et de pensée philosophique, y brillent dans tout leur éclat ; la couleur même y est plus tendre, plus rompue, plus harmonieuse que dans aucun autre de ses ouvrages en peinture.

Nous préférons de beaucoup son *Plafond de la chapelle Sixtine* à son *Jugement dernier*, quoique rempli de choses vraiment fortes, extraordinaires, et d'une science et d'une puissance étonnantes. Néanmoins nous n'hésiterons pas à nous prononcer fortement contre son école. Michel-Ange est un génie sauvage, un génie puissant, qui étonne plus qu'on ne l'admire. C'est un sentiment fiévreux que celui qu'il inspire ; au lieu que les chefs-ouvrages des Grecs nous font du bien, nous charment et nous rendent véritablement heureux, comme un rayon de soleil au milieu d'une belle campagne émaillée de fleurs, dans une belle journée de printemps (1).

Nous avons parlé des plus grands maîtres, des têtes de colonnes ; il nous resterait à parler d'autres grands artistes : des Fra Bartoloméo, de André del Sarte, de l'expressif Dominicain, et de tant d'autres encore, de vous-mêmes, plus tard ; lorsque vous aurez bien compris les premiers, les plus grands, vous rendrez justice aux autres, vous vous rendrez mieux compte de leurs qualités et de leurs défauts.

(1) Nous devons consigner un fait qui nous est arrivé en présence des ouvrages de Michel-Ange. En face de ses sculptures, à Florence, dans la chapelle des Médicis, nous eûmes la fièvre. A Rome, pendant que nous travaillions à faire des études au Vatican dans les *Stanze* de Raphaël, devant la fresque de la *Dispute du Saint-Sacrement*, pour nous le chef-d'œuvre des fresques de Raphaël, en revenant de déjeuner de l'autre côté de la place de Saint-Pierre, traversant la colonnade, chaque jour nous entrions nous reposer sur les banquettes de la chapelle Sixtine, contemplant de toute notre admiration le *Plafond* de Michel-Ange. Devant ce colosse, nous nous prenions à regarder en pitié Raphaël ; là, nous étions terrassé sous le monstre, foudroyé par le géant. Puis, remontant tristement reprendre nos études, devant le chérubin, l'ange de la peinture, devant cette peinture divine du maître le plus amoureux, le plus exquis, nous tombions à genoux, lui demandant pardon de l'outrage. Le lendemain, retournant à Michel-Ange, le diable nous possédait encore. Qu'est-ce que cela prouve ? C'est que, dans l'art, il suffit d'être fort dans n'importe quel sens pour s'imposer à l'admiration !...

Nous dirons : étudiez les maîtres, mais en même temps étudiez la nature; les maîtres, dans leurs chefs-d'œuvre, vous enseigneront la manière intelligente de la voir, de vous en servir : pour faire une œuvre, il faut suivre leur exemple, être simples, naïfs, recherchant le beau dans le vrai, pour arriver au bien. Soyez devant la nature des amants passionnés; pendant toute votre vie soyez devant elle des élèves modestes et soumis; peut-être qu'après votre mort serez-vous aussi des maîtres! Mais si, comme nous le voyons trop souvent aujourd'hui, vous voulez savoir avant d'avoir appris, être maîtres avant d'avoir été élèves, vous tomberez dans la pratique, dans la manière, vous ne saurez rien, vous ne ferez rien de bon. Il faut être progressif comme le monde pour arriver à être fort. Pour signifier quelque chose dans l'art du peintre, il faut absolument allier la science au sentiment, l'âme au savoir; pour cela, il faut apprendre longtemps, il faut apprendre toujours!...

C'est dans l'art surtout qu'il vaut mieux s'adresser à Dieu qu'à ses saints. Après que vous aurez appris par les maîtres les moyens de vous faire comprendre, de vous exprimer dans votre art, que la nature, qui est Dieu lui-même, soit votre guide et votre seul amour, car les plus grands parmi les maîtres ne sont que les saints de la nature.

Jetez-vous donc entièrement, sans réserve aucune, dans les bras du bon Dieu, dans les bras de la nature, et n'en sortez pas, quoi qu'on dise et fasse autour de vous.

Soyez savamment naïfs, savamment vrais.

On aura beau dire que la peinture n'est qu'une reproduction de ce qui paraît être et non de ce qui est, la peinture ne doit avoir pour but que de reproduire l'effet de ce qui est; ce qui est peut varier d'effet à l'infini, changer d'aspect mille fois. La règle du peintre, sa loi ne doit être que de refléter la nature, toujours être vrai. Si vous vous jetez dans les fictions, dans les rêves creux, qui sait où vous irez vous perdre? La nature seule peut nous préserver de semblables aberrations. Quels sont les artistes qui, ayant pris la fiction pour guide en abandonnant la nature, aient fait quelque chose de digne, quelque chose qui soit arrivé jusqu'à nous, porté par l'admiration des hommes?

DE LA PEINTURE DES ANCIENS.

PLANCHE XI (1).

Une idée fausse est généralement répandue, même chez les artistes : c'est que la peinture des anciens était dépourvue des qualités éminentes de la couleur et du clair-obscur. Il n'en est rien. Le fragment de peinture que nous donnons, quoique très imparfaitement rendu par la lithographie, pourra, nous l'espérons du moins, frapper assez l'esprit des élèves pour leur laisser dans la mémoire une impression toute différente de la peinture des anciens. Ils étaient arrivés au plus haut degré de l'art pour la peinture comme pour la poésie, comme pour l'architecture et pour la sculpture.

Est-ce de l'enfance de l'art que ces femmes, ce groupe si simplement, si naturellement, si artistement composé? Ce paysage, ces eaux, tout, dans ce fragment de peinture, ne rappelle-t-il pas les conditions de l'art le plus avancé?

Nous profiterons de cette planche pour expliquer ce qui nous semble être la cause du beau dans l'art chez les anciens. Au lieu de procéder comme les modernes par des qualités de détails, ils procèdent par celles de la masse, de l'ensemble, du simple au composé, et non du composé au simple; au lieu de faire de la beauté un trait individuel, qui a fait tomber l'art moderne dans le caprice des genres, eux, dans leurs ouvrages immortels, ils nous prennent tout d'abord pour une beauté générale qui nous impose et nous frappe, nous impressionne et nous reste.

Il ne faut pas juger du résultat de la peinture des anciens par quelques morceaux de fresques arrachés à des murs. Ou, pour mieux dire, jugez-en; car, si devant ces peintures qui furent pour eux des peintures vulgaires, ornant des boutiques, décorant des maisons particu-

(1) Voir les planches de l'album lithographié.

lières, comme nous le faisons faire chez nous par des peintres d'enseignes ; si devant ces peintures, dis-je, vous êtes dans l'admiration, et de la belle ligne, et du beau caractère, et de la belle couleur ou belle teinte, du beau ton, du clair-obscur et de l'harmonie, que serait-ce si vous étiez devant un tableau de Protogène, de Zeuxis ou d'Apelles ?

Ce que je puis assurer, c'est que, dans le musée de Naples, je me suis trouvé plusieurs fois en face de morceaux de peintures antiques à l'encaustique, supérieurs, non-seulement comme dessin, mais comme couleur, mais comme modelé, mais comme clair-obscur, mais comme charme d'exécution, aux chefs-d'œuvre les plus accomplis des Vénitiens, des Giorgion, des Titien, des Raphaël, des Corrége, et de Léonard de Vinci lui-même.

Je puis dire : j'ai vu, j'ai touché de mes mains ces délicieux fragments de la peinture des anciens. Mais il n'est pas même besoin de les voir : la simple réflexion nous apprend que le peuple qui avait eu à sa tête un Périclès, et qui avait eu un Homère, un Aristote, un Démosthène, un Phidias, un Eschyle, un Platon, devait avoir aussi d'excellents peintres, comme Apelles, Zeuxis, Protogène, Apollodore, etc.

Lisez seulement ce que rapporte Pline des ouvrages grecs qui étaient à Rome de son temps, et vous jugerez de la beauté de la peinture des anciens. Voici quelques-unes de ces citations :

« Jules César, dit Pline, fut l'un des grands Romains qui des premiers rapporta de ses conquêtes les ouvrages excellents des Grecs. Se signalèrent bientôt après Auguste, et Agrippa son gendre. Parmi ces chefs-d'œuvre, Auguste fit placer sous un portique deux beaux tableaux d'Apelles, l'*Image de la guerre*, et l'autre du *Triomphe*, ainsi que d'autres pièces excellentes. Sur l'un de ces ouvrages, on lisait : *Nicias l'a fait au feu.* »

« Tibère, continuateur de ses devanciers, pour leur rendre hommage après leur mort, leur consacra de beaux ouvrages où les qualités du clair-obscur, délicatesse enchanteresse et dernier éclat consommé du coloris, se trouvent réunis. Car ce clair-obscur n'est pas proprement la lumière, mais il tient comme le milieu entre les jours et les ombres qui entrent dans la composition du sujet; et de là vient que les Grecs l'ont appelé *tonos*, c'est-à-dire le *ton* de la peinture, pour nous faire entendre que, comme dans la musique, il y a des tons différents qui s'unissent entre eux d'une manière insensible pour faire un tout harmonieux. »

Il n'y a proprement que deux sortes de couleurs : les couleurs austères ou sombres, et les couleurs fleuries ou claires.

« Polygnote de Thalos fut l'un des premiers qui se distinguèrent ; il florissait vers la XC⁰ olympiade. Apollodore et Zeuxis vinrent ensuite. Ce dernier, plein de talent et de vanité, ne se montrait en public que dans des costumes fastueux ; il était plein d'orgueil, donnait ses tableaux, prétendant qu'il n'y avait pas de sommes d'or suffisantes pour les payer. Parrhasius peignit des raisins d'une imitation de la nature si vraie, que des oiseaux vinrent pour les piquer de leurs becs. C'est lui qui, le premier, fit tourner les corps par le clair et par l'ombre, qui détacha assez ses figures du fond pour que d'autres pussent paraître tenir derrière à un plan plus reculé. »

Pline ajoute : « Outre ces excellentes qualités de peintre de la nature, il peignait le moral, chose si difficile. Par exemple, pour ce qui regarde les mœurs et les passions de l'âme, on ne saurait lui refuser un génie vaste et une imagination fertile, comme il a bien paru dans un de ses tableaux qui a fait grand bruit : c'est une peinture fidèle du peuple d'Athènes qui brille de mille traits savants et ingénieux ; car, ne voulant rien oublier touchant le caractère de cette nation, il l'a représentée, d'un côté, bizarre, colère, injuste, inconstante, et de l'autre, humaine, clémente, sensible à la pitié ; et, avec tout cela, fière, hautaine, glorieuse, féroce, et quelquefois même basse, poltronne et fuyarde. Ce qui est plus hardi, c'est que toutes ces expressions différentes y sont très bien ménagées, distribuées en divers groupes, et toutes renfermées dans un même cadre. »

Il y avait deux écoles, l'école grecque et l'école asiatique ; on supprima la seconde, et l'on divisa la première en trois : l'ionique, la sicyonienne et l'attique.

Pour ce qui est de Pamphile, le maître d'Apelles, on n'a de lui que quelques ouvrages estimés. Pamphile était originaire de Macédoine. Il est le premier qui ait joint au sentiment la science de l'érudition vaste, universelle, propre à nourrir, à élever le génie d'un peintre ; mais surtout il s'attacha aux mathématiques, à la géométrie, soutenant que sans son secours il n'était pas possible d'amener la peinture à sa perfection. On conçoit aisément qu'un tel maître n'avilissait point son art. Il ne prenaît d'élèves qu'à condition de 10 talents (plus de 30 000 francs) par année d'apprentissage, et pour plusieurs années. C'est à ces conditions seulement que Mélanthe et Apelles devinrent eux-mêmes ses disciples. En agissant ainsi, il avait deux vues : premièrement, en gardant ses élèves si longtemps, il ne sortait de ses mains que d'habiles peintres, également forts sur toutes les parties de leur art; en se faisant bien payer, il éloignait les natures vulgaires et profanes, mettant en plus grand honneur la peinture. Il réussit si bien, qu'il fonda à Sicyone, et ensuite par toute la Grèce, une grande école où les enfants bien nés, bien organisés, pouvaient trouver l'instruction dans les beaux-arts.

Enfin parut au monde le grand Apelles, l'incomparable peintre, natif de l'île de Cos, dans la CXII^e olympiade, qui a surpassé les peintres qui l'ont précédé et ceux qui l'ont suivi. Non content d'exceller dans la peinture, de traduire par son pinceau divin les belles œuvres de la nature, il a encore employé la plume, comme un savant généreux, un noble esprit qu'il était, à nous découvrir les principaux secrets de son art, sur lequel il nous a laissé trois volumes.

La grâce a été sa force principale, ce je ne sais quoi de libre, de noble, de doux, en même temps qu'il touche le cœur en réveillant l'esprit, partie de l'art principal où il a laissé bien loin derrière lui tous les maîtres de son temps, qui étaient pourtant de bien grands maîtres. Lorsqu'il admirait leurs ouvrages, qu'il en faisait l'éloge en détail par rapport aux diverses parties de la peinture, il concluait en disant qu'il n'y manquait que sa seule grâce, ajoutant qu'à la vérité ses confrères ou ses émules excellaient en toutes autres parties, mais qu'à l'égard de celle-là, elle lui était en propre, et que personne ne pouvait lui en disputer la palme.

C'est ainsi qu'avec une ingénuité digne du vrai mérite, il se plaçait lui-même au-dessus de tous les peintres de son siècle sur une partie du talent qui ne s'acquiert point.

Protogène, de Rhodes, était celui qui pouvait le plus approcher d'Apelles par la recherche, le soin qu'il donnait à ses ouvrages. Voici de quelle manière ce dernier répondit à des connaisseurs qui lui montraient les qualités réelles des ouvrages de Protogène : « C'est vrai, disait Apelles, Protogène et moi nous possédons à peu près au même degré les diverses parties de la peinture ; peut-être même que sur certains points que je lui laisse, il en sait plus que moi; mais il y en a une considérable sur laquelle je l'emporte sur lui; c'est qu'il ne sait pas quitter le pinceau. » Ils vécurent néanmoins dans des rapports de bonne amitié.

Au reste, quand nous avons dit qu'Apelles ne peinait pas, ne fatiguait pas excessivement ses ouvrages, nous n'avons pas voulu dire qu'il négligeât son art ni sa main; bien loin de là, nulle affaire ne l'empêchait chaque jour de dessiner ou de peindre, de tenir un crayon, une plume, un pinceau. C'est de lui que nous vient le proverbe : *Nulla dies sine linea* (aucun jour sans dessiner).

Il disait aussi qu'il n'y a rien de plus nuisible à nos ouvrages qu'une exactitude trop rigoureuse et trop peinée.

Si Apelles avait beaucoup de capacité dans son art et beaucoup d'ingénuité à reconnaître son propre mérite, il faisait voir autant de lumière et de droiture quand il s'agissait de se prononcer sur le mérite des autres, lors même que c'était sur certains points qui le mettaient au-dessous d'eux ; car il avouait de bonne foi qu'il était inférieur à Amphion, par exemple, du côté de l'ordonnance, et Asclépiodore du côté des proportions, tant générales que particulières ; comme il était déjà convenu qu'il le cédait à Protogène sur d'autres articles de détails, sur le fini.

Apelles excellait encore à peindre le portrait : il n'en pouvait être autrement ; car l'homme de génie qui sait faire un chef-d'œuvre, ne le saura faire qu'à la condition de savoir copier et rendre la nature. Apelles était généreux et bon. Pour donner une idée de sa belle manière de composer, nous allons décrire son tableau de la *Calomnie*, qu'il fit à son retour à Éphèse, pour se venger de ses ennemis. En voici l'ordonnance. A la droite du tableau est assis un homme d'éclat et d'autorité qui a des oreilles d'âne. La Calomnie s'approche en grande hâte, accompagnée de l'Ignorance et du Soupçon, qui l'écoutent avec surprise. Elle est animée de fureur et de colère. D'une main elle tient un flambeau pour allumer le feu de la division et de la discorde ; de l'autre, elle traîne par les cheveux un jeune homme qui tend les mains vers le ciel et qui implore l'assistance des dieux. Devant elle marche l'Envie, au visage pâle, au corps sec et décharné, aux yeux étincelants, et semble mener la bande. A la suite de la Calomnie, on voit une foule de jeunes femmes artificieuses qui l'excitent dans tous ses mouvements et qui s'empressent même autour d'elle pour relever ses attraits. On voit dans leurs visages la malice, le sourire moqueur, la fourberie et la trahison. Mais enfin suit le Repentir, après tous les autres, en habit de deuil, qui, avec beaucoup de confusion et de larmes, reconnaît la Vérité, qui arrive de loin, et peut-être trop tard.

Telle fut la vengeance utile et ingénieuse de ce grand homme.

Auguste fit si grand cas de sa *Vénus Anadyamène*, qu'il la dédia dans le temple de Jules César, son père adoptif. Ce tableau, qui était incomparable, a eu l'honneur d'être célébré par une foule de grands poëtes grecs et latins.

Voici de quelle manière cet ouvrage immortel périt. Dès le temps d'Auguste, l'humidité en avait déjà gâté la partie inférieure. On eut beau chercher quelqu'un pour la retoucher, pour la restaurer, personne n'osa entreprendre cet ouvrage difficile, ce qui augmente la gloire du peintre grec et la réputation de l'ouvrage même. Enfin cette belle peinture, cette délicieuse *Vénus*, que personne n'osait toucher par vénération, fut détruite par des insectes, par des vers qui s'étaient mis dans le bois du panneau sur lequel elle était peinte.

Apelles en avait fait une autre dans sa patrie, qui, selon lui et les connaisseurs, devait surpasser la première ; mais la mort envieuse l'arrêta au milieu de l'ouvrage, lorsqu'il n'était encore parvenu qu'à la naissance de la gorge.

La lumière qu'il répandit sur les peintres de son temps, par la plume et par le pinceau, est incroyable. Il eut, comme tous les hommes supérieurs, des imitateurs grands et petits ; mais une chose en quoi personne ne put pénétrer son secret, fut la composition d'un certain vernis qu'il appliquait sur ses tableaux, pour leur conserver à travers les siècles cette fraîcheur et cette force que nous y admirons encore.

Pour Protogène, l'heureux rival d'Apelles, quand il peignait son fameux tableau du *Jalysse*, on dit qu'il ne mangeait que quelques herbes cuites, des lupins cuits dans l'eau, pour se soutenir seulement contre la faim et la soif, de peur qu'en se permettant une nourriture plus succulente, il n'eût émoussé cette pointe de sentiment si nécessaire au peintre qui travaille pour l'immortalité.

On ajoute que, pour conserver son tableau pendant plusieurs siècles, aussi entier qu'il était possible, il le couvrit de plusieurs couches de couleurs entièrement semblables : dans la pensée que si la première couche venait à tomber par vieillesse ou par accident, la seconde lui succédât, et ainsi de suite jusqu'à un entier dépérissement.

C'est à cause de l'atelier de Protogène, où était son tableau du *Jalysse* ou chasseur, qu'il voulait conserver, que le roi Démétrius Poliorcète n'incendia pas la ville de Rhodes qu'il tenait assiégée.

Tous ces beaux tableaux dont nous venons de parler ont été peints avec les quatre couleurs primitives : le blanc de Mélos ou Milo, le jaune d'Athènes, le rouge de Syrope et le simple noir. Ce fut avec ces quatre couleurs seulement, que ces grands peintres de l'antiquité, Apelles, Polygnote, Zeuxis, Protogène et tant d'autres ont fait leurs chefs-d'œuvre, et qu'ils ont produit ces peintures miraculeuses dont une seule suffisait pour acheter toutes les richesses d'une ville.

Les Grecs, qui se piquent d'exactitude, ne font mention de leurs peintres que plusieurs olympiades après leurs statuaires. Cependant ils nous assurent que Phidias, que chacun sait avoir fleuri en la XCIV°, a été peintre avant que d'être sculpteur, et qu'il a peint, à Athènes, le fameux Périclès, surnommé l'Olympien, à cause de la majesté et des foudres de son éloquence....

Lysippe, le grand sculpteur, peignait en cire dans l'île d'Égine, vis-à-vis du Pirée. Cela est si vrai, qu'ayant fini une excellente pièce en ce goût-là, il y mit cette inscription : *Lysippe l'a peinte au feu.*

Pamphile, à qui l'on doit les grands progrès d'Apelles, son élève, peignait aussi à la cire ; il en donnait même des leçons, comme du dessin et de la peinture ordinaire.

L'ignorance ou la mauvaise foi chez les modernes avait fait de Michel-Ange une exception... parce qu'il était à la fois peintre, sculpteur et architecte. Chez les grands artistes grecs, presque tous ils sont peintres, sculpteurs, architectes, fondeurs et graveurs.

Dans ce cours élémentaire, nous ne pouvons que jeter des pierres de fondation pour construire le savoir sur la logique. Il faudrait des volumes pour décrire les noms et les ouvrages des grands peintres de l'antiquité, de leurs procédés dans la peinture à l'eau, à l'œuf, à la fresque, à la cire, etc.

Que ceux qui veulent s'instruire lisent le texte des Grecs, les textes des Latins ou les traductions.

RÉSUMÉ.

Par les explications que nous avons données, par les planches, par les exemples que nous avons mis sous les yeux, nous croyons avoir démontré que l'art se compose de deux choses aussi essentielles l'une que l'autre, la *science* et le *sentiment*. Le *sentiment* sans la science, sans le savoir, est nul, ne peut produire que des œuvres imparfaites ; la *science* sans le *sentiment* crée des ouvrages sans âme, sans expression et sans vie : pour le moindre travail d'art dans le dessin le plus simple, ces deux puissances se manifestent.

Celui qui, de notre temps, veut entrer bravement dans la carrière, doit y faire le sacrifice de toute autre satisfaction que celle de son art. Son art, seul, abordé de front, loyalement, doit être sa sauvegarde, lui tenir lieu de tout; tant que nous vivrons dans le milieu faux où nous nous trouvons, que celui qui aime sérieusement l'art, non pas comme un caprice, mais avec un sentiment profond, soit bien convaincu que le moindre profil tracé sur le marbre, la moindre tête peinte sur une toile, comme les portraits de Jean Bellin au Louvre, celui d'Érasme d'Holbein, un petit meuble comme les Égyptiens ou comme les Grecs nous en ont laissé, en dira plus, mille fois plus, de son sentiment et de sa science, de son art réel, enfin, que toutes ces grandes toiles insolentes, que ces monuments surchargés de détails, d'ornements fastueux et sans goût. Le goût, né de la nature, se forme néanmoins; le plus sûr moyen de l'acquérir est de voir souvent les plus belles œuvres de l'art : de même que dans la fréquentation de gens distingués de manières, vous acquerrez de bonnes formes; de même aussi, par l'habitude de ne voir que de belles choses, deviendrez-vous plus difficiles envers les choses inférieures.

Tout le monde doit savoir dessiner; tout le monde peut savoir dessiner, il ne s'agit que de s'exercer au dessin positif. Dessinez donc tout ce qui vous frappe, et vous deviendrez dessinateur. Un peuple devient musicien en exerçant les habitudes mélodique et harmonique de son oreille : ainsi sont les Allemands et les Italiens. Les Grecs étaient surtout dessinateurs; c'est la nation des mondes connus jusqu'à ce jour qui a porté l'art à son apogée; il semble que tout, dans l'histoire de cette nation, jusqu'à sa place géographique, lui ait assigné cette haute et sublime destinée.

Les Grecs trouvent l'art tout créé chez les Égyptiens, les plus fins, les plus solides dessinateurs, les dessinateurs les plus serrés, les plus sûrs et les plus exacts par la ligne géométrique.

Il faut bien le reconnaître, malgré la supériorité, malgré l'incontestable présence des hommes de génie, apparaissant de distance en distance dans les diverses contrées de l'Europe, malgré leurs découvertes prestigieuses par les moyens pittoresques de la peinture à l'huile, par l'effet, l'art a toujours été en décadence depuis l'époque d'Apelles, de Phidias et d'Ictinus.

Par une raison simple et positive, que l'on pourra contester, mais qu'on ne pourra jamais complétement nier tant que le goût régnera sur la terre, la ligne étant dans tous les arts la loi d'être, ceux qui ont porté à un plus haut degré le grand art de la ligne resteront les premiers.

Qu'est-ce qui, en fin de compte, fait un beau temple? La ligne. Qu'est-ce qui fait une belle statue? La ligne. Qu'est-ce qui fait un beau tableau? La ligne. Qu'est-ce qui fait une belle musique, même? La mélodie ou la ligne.

Qui fait une bonne œuvre littéraire, un livre clair et bien pensé, bien écrit? Le dessin, la ligne. Un orateur parle-t-il bien, c'est encore la ligne. En descendant aux choses usuelles de la vie, elles ne nous plaisent que par le dessin, que par la ligne. Tout et partout, en toutes choses et toujours, le dessin ou la ligne.

Le philosophe allemand Hegel, dans son Traité sur le beau, ramène tout ce que l'on peut connaître d'un objet d'art, en se plaçant au point de vue du sens commun, aux trois choses suivantes :

1° L'art n'est point un produit de la nature, mais de l'activité humaine.

2° Il est essentiellement fait pour l'homme, et, comme tel, il s'adresse aux sens, il emprunte plus ou moins au sensible.

3° Il a son but en lui-même.

L'art, n'étant que le produit de l'activité créatrice de l'homme, ne peut ni s'apprendre ni se transmettre. Ce que les règles et les préceptes peuvent communiquer se réduit à la partie extérieure, à la partie technique de l'art; la partie intérieure et vivante est le résultat de l'activité spontanée de l'artiste. L'esprit, comme une force intelligente, tire de son propre fonds le riche trésor d'idées et de formes qu'il répand dans ses œuvres.

Il ne faut pas cependant exagérer ce principe outre mesure. Oui, le talent, le génie, l'inspiration, ne relèvent que de l'artiste lui-même, que de sa nature plus ou moins douée; mais il y a un côté plus scientifique, plus technique, qui ne s'apprend que par l'étude et le travail pratique.

L'artiste a besoin, pour ne pas être arrêté dans ses créations, de cette habileté qui le rend maître et le fait disposer à son gré des matériaux de l'art; ce n'est pas tout : plus l'artiste est haut placé dans l'échelle des arts, plus il doit avoir pénétré avant dans les profondeurs du cœur humain.

Savoir, c'est être libre; savoir, c'est pouvoir. Apprenons donc, pour être forts, pour savoir, pour pouvoir, pour être libres.

Un grand artiste est un enfant chéri des hommes; lorsqu'il crée une belle œuvre, c'est le souffle de l'humanité même qui l'inspire, qui se manifeste en lui comme dans tout ce qui est beau, comme dans tout ce qui est bon et sublime.

Il y a du divin dans l'homme qui se manifeste noblement par une belle œuvre.

La Providence humaine est esprit, l'homme est donc par conséquent son véritable intermédiaire et son organe.

Travaillons donc incessamment; ce n'est qu'au milieu du travail, qu'après des études incessantes et continuelles, que le souffle divin, providentiel, se manifestera en nous, que nous serons capables de rendre l'inspiration lorsqu'elle nous arrivera.

Le travail étant toujours de bon conseil, travaillons donc pour nous moraliser et nous rendre tous heureux par lui; car les travailleurs et les hommes de talent étant solidaires, ils ne peuvent être séparés, ils sont les vrais fils de l'humanité, qui leur transmet de siècle en siècle les connaissances humaines accumulées par nos ancêtres dans l'art comme dans la religion, dans la philosophie comme dans la science, dans la morale, qui se purifie toujours davantage, aussi bien que dans l'industrie, qui chaque jour progresse au profit du bonheur des hommes dignes de ce saint nom. Aussi notre devise est-elle : L'Amour pour principe, l'Ordre pour base et le Progrès pour but. Vivre pour autrui, tel est le fond de notre pensée, le mobile de notre activité. La famille, la patrie, l'humanité, voilà notre espérance; elle doit être la foi de tout artiste sérieux qui ne travaille jamais que pour la postérité, c'est-à-dire pour le bonheur de ses semblables, pour leurs jouissances les plus pures dans le présent et dans l'avenir.

APPENDICE

DE LA QUATRIÈME ÉDITION

DU

COURS ÉLÉMENTAIRE DE DESSIN

APPLIQUÉ A L'ARCHITECTURE, A LA SCULPTURE ET A LA PEINTURE

Par ANTOINE ETEX

ARCHITECTURE : Nous avons cru devoir ajouter une quatrième planche représentant le dessin géométral de la charpente en fer du comble de la gare des voyageurs du chemin de fer d'Orléans.

N'est-il pas intéressant de comparer ce comble en fer de cinquante et un mètre de largeur et d'une seule portée à ces simples linteaux en bois, portant sur deux poteaux, d'une construction si primitive ; ou bien ce même linteau en marbre ou en granit ou en pierre, posé horizontalement depuis des siècles, sur deux morceaux plantés verticalement à une plus ou moins grande distance d'écartement.

Depuis cinquante ans, l'emploi du fer dans les constructions modernes a pris d'énormes proportions. Il y a même abus de l'emploi de cette matière. Se servir du fer exclusivement dans la composition d'un édifice public d'un caractère grave et d'un ordre élevé, c'est faire fausse route, c'est se fourvoyer, c'est s'obliger à être l'esclave de la matière. Et chaque espèce de matériaux porte ses qualités et ses défauts. Le génie de l'artiste est de savoir approprier ces qualités.

Il est positif que la pierre, le granit et le marbre jouent un tout autre rôle que le fer dans l'art monumental.

Restons fidèles aux grandes traditions : les monuments des Égyptiens, ceux des Grecs et des Romains ne seraient pas arrivés jusqu'à nous, s'ils eussent été en fer. Et ces modèles superbes dans leur grandeur n'existent dans leur sublimité qu'à cause de l'emploi si intelligent du granit, du marbre ou de la pierre. Dans l'art de la construction, matière oblige.

DESSIN

DE LA FIGURE D'APRÈS NATURE, ACADÉMIE

Après avoir bien mis sa figure en place au fusain et légèrement esquissée, après s'être bien rendu compte que sa figure porte bien, est bien juste dans le mouvement du modèle vivant, en le vérifiant pour s'en rendre compte, avec les deux moyens infaillibles des deux lignes verticales et horizontales avec le fil à plomb.

La mise au trait avec le crayon doit se faire en ayant bien soin de veiller à chaque attache des membres, aux parties les plus essentielles telles que l'attache de la tête au col par le mastoïde à l'os de la mâchoire inférieure ; du col au torse par les clavicules, des clavicules à la tête de l'humérus.

Le torse, avoir soin d'observer le mouvement et les divisions de la ligne blanche médiane du torse, chercher les os, toujours les os sous la peau, le sternum, les côtes, les grands muscles qui les enveloppent, voir les grands dentelés et les endroits précis où les muscles se soudent par les tendons.

Pour le torse, les parties principales sont les pectoraux, le thorax, le nombril, les os du bassin. Pour ce dernier, bien se rendre compte du mouvement des hanches par rapport aux épaules ; ne pas oublier de remarquer que presque toujours les lignes des hanches s'opposent toujours avec les lignes des épaules, chez un sujet bien équilibré.

Si la figure porte bien sur la jambe gauche, il est infaillible que la hanche gauche sera plus haute que la hanche droite, qui est le côté de la jambe fléchie.

Pour la cuisse, bien s'assurer de l'angle qu'elle donne, ainsi que la jambe par rapport à la ligne de terre, rapport au torse. Après l'étude du bassin, faire l'étude de l'attache du même bassin à la cuisse ; puis, l'étude de la cuisse à la jambe est des plus importantes. Il faut s'assurer du balancement qui a lieu dans l'enveloppe par les muscles qui soudent l'os du fémur au tibia de l'os de la rotule qui leur sert de poulie dans tous les mouvements du corps humain.

Faire la même remarque que pour l'attache de la cuisse à la jambe, à cet endroit ; ainsi que l'attache de la jambe au pied ; la même remarque qui a été faite au torse. Voir, que toujours sur la nature, chez un sujet bien constitué, la ligne de la jambe à l'endroit du genou est toujours dans une obliquité contraire à celle des deux malléoles, justement à l'opposé du torse à l'endroit des épaules avec le bassin.

Les pieds, qui offrent aux artistes, pour les bien attacher, de grandes difficultés, demandent à être bien dessinés. La plupart des artistes les négligent; c'est un tort, car ils demandent une attention particulière, qui doit les fixer sur ce point important; ils ont toujours par le moyen de vérification infaillible, par les deux grandes lois de la verticale ou à plomb et de l'horizontale, par la vérification faite de l'ouverture des angles, en cherchant bien la place des os, du tibia et du péroné aux os du dessus du pied ou tarse, du métatarse et à ceux des doigts du pied; on arrive avec certitude à faire juste; pour peu que l'on sache tant soit peu d'anatomie et de perspective.

Pour les bras, nous procédons de la même manière, du simple au composé, de l'ensemble au détail. Cherchant toujours à nous rendre compte de l'attache des bras au corps qui se montre à l'extérieur par l'apparition de la tête des os.

D'abord, la tête de l'humérus avec l'omoplate et les clavicules, ensuite, le coude où se montre l'admirable mécanisme des os de l'avant-bras, du radius et du cubitus, des beaux muscles qui les enveloppent et qui servent à dessiner le bras dans ses plus gracieux mouvements.

Après l'étude du coude, ce qu'il faut solidement étudier, c'est l'attache de la main. Cela paraît être ce qu'il y a de plus difficile, il n'en est rien encore. Comme pour l'attache du pied, l'attache de la main obéit aux mêmes lois de 'observation exacte; avec l'anatomie et la perspective aidées d'un peu de goût, l'on vient facilement à bout de bien attacher la main, mais il faut s'appliquer; si surtout le modèle est dans une pose simple plus près de l'élévation géométrique que de la vue perspective compliquée qui se manifeste dans une pose à grands mouvements où les raccourcis se croisent, et se développent en s'enveloppant.

Le dessin d'une figure d'après nature, dans un but de concours académique, doit être amenée à toute sa perfection dans les moindres détails.

Tout arrive à bien avec le soin, l'étude et le temps. Il ne faut pas que l'élève se trouble, il arrivera toujours à un bon résultat relativement à ses études antérieures, si, après avoir bien mis sa figure bien en place, dans un mouvement bien juste et fait sans exagération, il continue à chercher toujours la place de chaque détail en le subordonnant à la masse et à l'ensemble de sa figure. Il avance tout naturellement en passant du simple au composé, ne mettant des ombres que pour faire reculer ou avancer, que pour mieux exprimer la forme ; lorsque, après sa tête bien posée sur les épaules, bien attachée au col par la ligne des oreilles, avoir bien soigné sa coiffure, observé la naissance des cheveux ; il entre dans le modelé des traits généraux par l'attaque des os du front, des arcades sourcilières, des pommettes et de la mâchoire.

Il s'assure qu'il a bien enchâssé ses yeux dans leur orbite ; qu'il a bien attaché son nez, dont la protubérance de l'os principal lui donne le caractère par rapport aux narines; que sa bouche, bien mise à sa place par son parallélisme avec l'os frontal, l'arcade sourcilière, les oreilles, les pommettes et la mâchoire. L'élève arrive à l'effet par le modelé des traits par plans, toujours des plans, des plans superposés, sans rondeur ni raideur, la ligne méplate, toujours méplate, la belle ligne de l'art grec. La grâce, la souplesse dans la vérité, toujours le vrai qui, bien vu, bien fait, bien rendu, est toujours aimable et beau.

La tête poussée aussi loin que possible, toujours en vue de l'ensemble, ne jamais faire aucun travail, ne donner un seul coup de crayon sans toujours songer à son ensemble et avoir l'œil partout à la fois pour comparer. L'on descend au cou que l'on attache bien au torse par les épaules et la clavicule, les mastoïdes et les muscles trapèzes. On modèle chacune de ses parties en blond, en doux, on a toujours le temps de noircir son papier.

Un dessin est comme une peinture, il ne saurait se faire du premier coup. Un croquis se fait de cette manière, et lorsque l'on sait beaucoup, l'on met beaucoup dans un dessin de premier jet. Mais pour l'élève, il doit aller modestement, passant du simple au composé, chercher la grande chose pour arriver à l'extrême finesse toujours en vue de la masse.

Et lorsqu'après avoir bien cherché, tout en exécutant son dessin pendant six séances d'école, l'amener au point de l'étude du morceau suivant ses forces. La sixième et dernière séance doit être exclusivement consacrée à donner à son dessin le meilleur aspect possible par la couleur; le clair et l'ombre, l'harmonie, la valeur relative, ce que l'élève a fait pour la mise en place et le dessin des lignes, il doit le faire pour l'effet et l'harmonie. Bien voir en clignant les yeux ce qui est le plus foncé, le plus clair et le plus demi-teinte. C'est à cette dernière séance qu'il donnera à son dessin le charme, la grâce la force et l'attrait. L'art doit toujours se manifester d'une manière attrayante, car l'art doit toujours être aimable pour être beau. Nous avons dit et redit que l'art devait ne jamais cesser d'être aimable pour arriver à être beau.

Cela ne nous empêche pas de fouiller avec une énergique élégance les endroits, les morceaux vibrants et sensibles de notre modèle vivant. Attaquer avec puissance et résolution ce qui dans le modèle est si accentué, même chez les sujets les plus délicats, femmes, adolescents ou enfants : à l'endroit où les muscles se soudent aux os ; ne pas oublier que sous les tissus cellulaires et la peau de ces sujets vibrent comme la corde d'une harpe éolienne. Lorsque votre ensemble a été bien cherché et bien trouvé, que chaque morceau a été parfaitement étudié dans le moindre détail avec la sincérité, la probité d'un amant de la nature, frappez juste, frappez fort à cette dernière heure; si votre dessin est juste, ces derniers coups que vous porterez avec l'enthousiasme de la vue de l'ensemble, votre modèle ayant été appris par vous, vous donnez à votre ouvrage la sensation de votre vie intérieure ; tout ce que vous savez, tout ce que vous sentez ; allez-y franchement ; car les cinq séances que vous avez employées à votre étude vous les ont apprises ; et cette étude, plus ou moins heureuse, vous est révélée ; et, à la dernière heure, c'est à ce moment qu'il faut lui donner le souffle de la vie, dire le dernier mot, par le charme et la vie.

Osez donc hardiment, osez même vous tromper, je vous en conjure, et vous vous en trouverez bien ; même ceux qui ont pu se tromper dans l'exécution de l'étude des détails peuvent relever leur étude par ce coup de force finale, à l'heure où la lumière se fait dans leur cerveau.

Le plus sûr moyen de réussir est, je ne saurais trop le répéter, de bien regarder son modèle, bien se pénétrer de ce qui le caractérise ; ouvrir les yeux bien grands après avoir cligné les yeux ; afin d'aborder très-franchement la masse de l'effet ; afin d'exprimer ce que l'on veut dire, en donnant un trait plus fort ou plus fin, mieux senti, plus expressif, en un mot, à toucher toutes les parties essentielles de sa figure, aux sourcils, aux yeux, à l'os du nez, aux narines, à la bouche, à la mâchoire, aux oreilles, au menton, à l'attache du cou au torse, surtout à l'endroit des clavicules, aux pectoraux, à l'arcade des côtes, aux parties génitales, au bassin. Il y a là, à la jonction du torse aux cuisses, dans les deux sexes, et surtout chez les enfants, un morceau d'une grâce et d'une beauté incomparable chez les sujets jeunes qui n'ont pas été détériorés, déformés par des vices honteux.

Les genoux, l'attache du pied, réclament toute la sollicitude, comme l'attache du bras au haut du torse, le coude et la main.

C'est à toutes ces places essentielles qu'il faut que le crayon se joue, avec élégance, force et finesse, et donne le fameux coup de chien avec adresse et subtilité. Ce que les Grecs, dans la frise du Parthénon, que Michel-Ange, Raphaël et Léonard de Vinci, et tous les maîtres anciens et modernes n'ont pas négligé de mettre dans leurs dessins, c'est la qualité hors ligne, magistrale, qui a donné à notre maître Ingres toute sa supériorité sur ses rivaux, sa juste célébrité. Il y a un moment suprême où il faut se décider à frapper fort, juste et bien ; c'est celui où l'on donne les derniers coups de crayon à un dessin, ainsi que les premières lignes pour la mise en place et le mouvement de sa figure.

Peinture : Nous avons à compléter par nos études faites depuis plus de cinquante ans ce que nous avons dit sur la couleur et l'effet. Nous ne saurions trop le répéter aux élèves, un tableau n'est véritablement composé et trouvé qu'après avoir été dessiné par le trait; il l'est encore par le modelé de l'ensemble et des parties; que tout se tient dans ce tableau, que tout est parfaitement mis à sa place par des valeurs de clair et d'ombre, des demi-teintes, depuis les fonds jusqu'au premier plan lumineux, ou sombre, s'enlevant en vigueur.

Il faut bien se convaincre que le noble but de celui qui veut avoir l'honneur d'être cité parmi les artistes qui honorent leur profession d'abord, pour ensuite arriver à être l'une des gloires de leur siècle, si faire se peut, ne consiste pas à se retrancher dans une petite spécialité; ou bien, sans autre souci du succès, que celui de la mode, se capitonner dans une personnalité toujours assez étroite et assez bornée.

Pour aider à nous faire comprendre, nous citerons deux noms qui restent des plus sérieux parmi les maîtres peintres contemporains, Ingres et Delacroix. L'un et l'autre, malgré d'incontestables qualités relatives, ne sont pas des vrais grands maîtres de la taille d'un Michel-Ange ou Raphaël, d'un Léonard de Vinci, d'un Holbein, d'un Rembrandt, d'un Hobbema, d'un Vélasquez, d'un Véronèse ni d'un Rubens. Pourquoi? parce que l'un comme l'autre, au lieu d'être d'une sincérité complète, d'une profonde naïveté, ils ont l'un et l'autre finassé. Ils ont été des habiles. Ce qui faisait dire au peintre François Gérard, homme d'infiniment d'esprit, qu'Ingres ne peignait qu'en se bouchant un œil, voulant dire par là qu'il ne voulait voir que le dessin en négligeant la couleur; puis, qu'Eugène Delacroix lui faisait, en peignant, l'effet d'un chat cheminant sans vertige sur le sommet d'un toit très-pointu. Il y avait du vrai dans ces deux critiques. Car la manière de peindre d'Eugène Delacroix est vertigineuse; on y sent le délire de la fièvre du peintre né coloriste et penseur. Ses tableaux, malgré des défauts révoltants de goût et de dessin, survivront à sa gloire plus peut-être que ceux de Ingres, malgré leurs recherches énervantes quoique souvent puissantes. La vibration d'un accent exagéré le plus souvent inconscient et d'une ignorance qui va quelquefois jusqu'à la niaiserie, déroute le simple amant du beau et du vrai.

On se sent mal à son aise devant l'œuvre de ces deux artistes français, des plus modernes, bien que, en somme, avec Louis David, Gros, Géricault et Prudhon, ils soient l'honneur et la gloire de notre patrie. Mais ils manquent de cette forte intuition qui, dédaignant les petits moyens, poursuit le grand but! Et ce but, pour l'homme, supérieur réside dans la recherche de l'inconnu en partant du connu, s'élevant aux sphères les plus hautes, soutenu par la nature, par le vrai et le beau qui se révèle en lui.

Le connu est pour tout artiste sérieusement épris de son art, dans l'application constante des trois arts du dessin, architecture, sculpture, peinture... Un beau tableau ne peut être que la résultante de ces trois arts, et, pour ce qui devient particulier à la peinture, c'est dans l'effet et dans la couleur qu'il faut le chercher et le voir. Nous avons dit qu'un tableau était trouvé lorsqu'il était dessiné et mis à l'effet ; c'est vrai. Reste la couleur ou la teinte... C'est là où le merveilleux génie du vrai peintre apparaît dans toute sa simplicité et dans toute sa splendeur... Allez souvent au Louvre et placez-vous devant le tableau de l'Antiope du Corrége, vous aurez le secret de ce merveilleux prestige de l'art. Et ce que vous aurez découvert chez le Corrége, vous le retrouverez également chez tous les plus grands peintres coloristes : chez le Titien, Giorgione, Paul Véronèse, Michel-Ange, dans son plafond de la Sixtine, Léonard de Vinci, Raphaël, Van Dyck et Vélasquez, Rembrandt, Hobbema, et chez tous les Hollandais sans même en excepter le fastueux Rubens.

La sobriété, c'est l'harmonie en peinture ; des tons crus, des couleurs brutales n'existent jamais chez les maîtres pas plus que dans la nature. Leur sagesse dans l'emploi des couleurs s'est appliquée à bannir le noir pur, de même que chez eux le blanc pur n'existe pas.

J'ai cru avec l'aide d'autres praticiens modernes avoir retrouvé l'équivalent de cette palette des anciens. Pour nous, après avoir exclu le noir, nous n'avons sur notre palette que des tons rompus, j'allais dire des sons rompus, tant il y a d'analogie entre la musique et la peinture, composés, tous avec les sept couleurs : le blanc, le jaune de cadmium, même l'ocre jaune économique, l'antimoine, le rouge vermillon, la laque, de garance ou de Smyrne, le style de grain ou brun d'Avignon, le vert émeraude et l'outremer.

Je dispose ainsi ma palette : au milieu, les blancs ou le clair ; à droite, les gris et les verts, les bleus ; à gauche, les jaunes, les rouges, les laques, les bruns les plus intenses, jusqu'au mélange de l'outremer et de la laque de garance qui, avec du brun style de grain, me donne des tons riches, sourds et profonds.

Ma palette, que j'ai pris grand soin à composer de tons rompus, me sert comme un clavier. Tout dépend du mélange. Et là est le secret de la magie de la couleur ; comme moyen d'exécution, non pas par un pur hasard, comme chez beaucoup de nos peintres modernes, mais avec la certitude, avec l'expérience de la science, de la pratique raisonnée du savoir.

Il faut bien l'avouer à notre confusion, malgré tout le bruit des enchères publiques qui se fait autour de certaines toiles modernes, jamais l'école française ne fut si faible de goût et de pensée. Le talent, aujourd'hui, l'habileté courent les rues, mais où le génie est absent; il ne reste plus que des écoliers doublés de charlatans.

C'est comme dans la politique, c'est comme partout. Il règne une certaine confusion, une maladie d'esprit causée par de vils intérêts, et qui tend à faire disparaître le cœur de l'homme en supprimant cette flamme de l'art qui est au fond de l'âme humaine, la sensibilité. Avec la simple palette des tons mixtes et rompus, vous arrivez naturellement à la poésie de l'harmonie. Alors, seulement, alors, dans votre tableau circule l'air ambiant, l'atmosphère qui enveloppe les corps solides, vivants, qui composent votre cadre.

Et ce cadre est la limite naturelle, car tout ce qui l'emplit doit respirer un même air, une même vie. Et c'est la suprême qualité de l'œuvre du peintre, que cette vie ambiante qui vient de faire aimer un beau dessin exprimant une belle et noble pensée, naturellement exprimée.

Si tout doit se tenir et être harmonieux par la pensée et par le dessin, tout doit aussi se tenir par l'harmonie des couleurs, par l'effet.

Un peintre au xixe siècle n'a plus le droit d'ignorer les grandes lois harmonieuses de la nature, de la science et de l'art, par l'effet et la couleur.

Le plus difficile, dans son ensemble comme dans ses parties, à représenter c'est le corps humain. En apprenant à le disséquer en détail, n'oublions jamais lorsque nous plaçons l'être vivant, agissant dans une toile, de l'assimiler à l'ensemble du tableau, ne fût-ce qu'une simple tête.

Un portrait doit vivre aussi bien par l'air qui l'enveloppe que par les traits du personnage reproduit par le pinceau du peintre.

Un portrait bien conçu par un maître doit être une œuvre complète. Souvent chez les maîtres anciens, un simple portrait est tout un poëme.

Oui, il y a là la poésie de l'art; ce qui séparera éternellement la science positive de l'art, c'est le sentiment qui est la vibration de la corde sensible de l'âme d'un artiste d'où s'exhale le souffle de la vie et par le dessin et par la couleur.

Je dois terminer cet appendice par une réflexion fort triste. Je sens que la France malgré sa vitalité matérielle, est atteinte d'une maladie qui, je l'espère pour elle, ne sera pas incurable; parce que je crois voir, derrière ce qui apparaît à la surface et qui fait le tapage, le succès, la célébrité des fanfarons de l'art, d'autres hommes... le plus souvent inconnus.. Oui, derrière ces tapageurs, il y a en France un nombre suffisant de cœurs honnêtes et droits, de gens réfléchis, et c'est dans la jeunesse studieuse que surtout je les trouve ; dont le simple bon sens se révolte, se révoltera toujours contre toutes ces sottes choses grotesques que l'on se plaît à étaler à nos yeux ; comme celle-ci, par exemple : *Le dessin est la probité de l'art*, ou bien celle-ci du même cru : *le dessin est du genre masculin ; la couleur est du genre féminin*. Comme s'il n'y avait pas de TONALITÉS dans les tableaux des plus grands maîtres qui soient MALES, et de gentils tableaux dont le dessin soit EFFÉMINÉ ! L'audace des sots a pris une place si énorme, si imposante dans notre société moderne et toute démocratique, ces proportions sont devenues telles, que, si rien ne nous venait en aide, ce serait à désespérer du progrès de l'humanité.

D'après le niveau intellectuel fourni par les œuvres de nos artistes en vogue, aussi bien dans nos monuments publics qu'à nos Expositions annuelles, il est malheureusement trop vrai que si la main, l'outil ont progressé, comme ils disent, CE QUI N'EST PAS PROUVÉ, pour moi l'esprit, la pensée ont considérablement baissé, et sous ce rapport comme sur tant d'autres nous n'avons pas le droit d'être si fiers.

Quelques réflexions sur la sculpture et sur certaines généralités de l'art à notre époque sont ici nécessaires.

Ce qui obtient le plus de succès en ce temps-ci, en peinture, n'est que de la photographie fort adroitement coloriée, de même qu'en sculpture, c'est le plus souvent, l'imitation servile du moulage sur nature.

En terminant, nous ne saurions trop recommander aux élèves de se méfier de ce danger. Nous ne serons pas suspect : car nous sommes des premiers qui, pour faciliter nos études de statuaire, avons mis en pratique le moulage sur nature. Mais aussi, jamais, ayant ces morceaux souvent admirables sous nos yeux, nous n'avons cessé d'avoir à côté de ces morceaux moulés, le modèle vivant, le laissant vivre sous nos yeux dans sa grâce naturelle, le suivant dans tous ses mouvements, comparant notre modèle vivant aux belles statues grecques.

L'étude de la nature est le grand maître, le plus grand enseignement. Mais dans la nature, en général, comme sur le modèle vivant, l'on y trouve tout ce que l'on veut y trouver, celui qui se contente de copier bêtement pourra obtenir certains succès parmi les ignorants.

Mais, si ne songeant qu'à son outil, à l'adresse de cet outil, qu'il soit un ciseau ou un pinceau, il ne pense pas, ne creuse pas sa pensée en fouillant dans le cœur de l'homme, dans tout ce qui l'entoure sur la terre. La vue du ciel et de la mer est une étude admirable et permanente. Quelle variété, quels changements, quelle vie.... dans ces choses prétendues inanimées.

L'artiste de génie a su trouver partout la vie, et cela instinctivement; et de temps immémorial.

La science moderne est venue lui apprendre que cette fièvre de vie, qui le possède lorsqu'il veut rendre une œuvre d'art, était la loi de la nature tout entière.

Que tout se tenait, que tout se prêtait un secours mutuel de vie. Le véritable artiste est d'abord un être instinctif, que l'étude développera ensuite : mais cette qualité toute primitive l'*instinct* résistera pendant toute sa vie productive, surtout à une époque de cynisme individuel et d'égoïsme. Tel sera organisé pour faire grand, tel autre fera petit quand même. Néanmoins, n'oublions pas ce que l'histoire et les monuments nous enseignent. L'homme étant un animal essentiellement imitateur par excellence, il s'ensuit que son éducation et le milieu où il vit doivent avoir sur lui une influence considérable.

Ce qu'en ce moment je vois dominer dans les ouvrages des artistes modernes, c'est le côté animal et niais, plutôt que le côté moral et intelligent. Et malgré tout le talent de nos virtuoses de la brosse et du ciseau, je me sens peu disposé à l'admiration pour leurs œuvres, qui, malgré des qualités, les preuves d'un talent réel, me laissent tristement froid et affligé de voir tant d'efforts dépensés pour arriver à un si faible résultat.

On sent que le VIR PROBUS n'est plus au fond de ces consciences troublées. Dans ceux qui sont les plus heureux par leurs succès, je cherche vainement des qualités magistrales.

Ils ne savent pas ou savent mal.

Ce qu'il y a de certain, c'est que même lorsque par hasard ils veulent se lancer à aborder un sujet d'un ordre élevé, patriotique ou sérieux, l'on sent que le cœur n'y est pas. Il y a longtemps que l'on a dit que l'argent tuait le talent. C'est vrai.

Et la plupart de ceux qui entrent dans la carrière des arts, aujourd'hui, prennent cela comme le font les apprentis de n'importe quel métier, de garçons marchands épiciers ou autres.

Il fut un temps, il y a déjà un demi-siècle de cela, que les parents voyaient avec chagrin leurs enfants songer à se faire artiste. Depuis qu'aux enchères publiques la presse proclame des sommes fabuleuses, des centaines de mille francs pour une petite toile peinte, où, le plus souvent, il n'y a que de l'adresse de main; alors, c'est à qui fera de la peinture. Aussi arriverons-nous en France à avoir plus de peintres que de boulangers et de tailleurs, et c'est un malheur public.

Car l'artiste qui n'est pas un homme de génie est un être malfaisant, nuisible à la société.

Cela devient une calamité publique, une épidémie...

L'art est et restera une chose rare et précieuse. Et la plupart de ces œuvres que l'on étale à nos yeux ne sont pas des œuvres d'art.

NOTE ESSENTIELLE

Peinture. Nous ne devons pas omettre de donner ce conseil important à ceux qui veulent laisser après eux des œuvres durables. Pour celui qui veut faire un tableau, le moyen le plus sûr pour arriver au succès, c'est de commencer par faire sa composition dessinée, puis d'en faire une esquisse peinte qui rendra la première impression de son rêve de peintre. Cela fait, il prendra des modèles vivants, afin d'étudier chacune des figures, et de même de toutes les parties de son tableau. S'il y a du paysage dans le fond, il ira choisir un site analogue au sujet qu'il traite, et il en fera une étude d'après nature, en choisissant le plus possible l'heure pour son étude, de l'heure où la scène, dans son tableau, a dû se passer.

Il fera des maquettes modelées en cire ou en terre glaise : afin d'y jeter des draperies, ce qui est de beaucoup préférable au mannequin. Ayant les maquettes de ses figures drapées, il peut se rendre compte aussi de son effet, juger avec connaissance de cause des grandes lois de l'effet du clair, de l'ombre et du clair obscur. Et si dans son tableau il y a de l'architecture, il devra autant que possible prendre la peine de voir et de dessiner des monuments construits dans le même caractère que celui dont il a besoin dans son tableau. C'est là qu'est la preuve de ce que nous ne cesserons de proclamer : les trois arts du dessin inséparables : *Ligne, Forme, Effet, Architecture, Sculpture, Peinture.*

On ne saurait trop étudier les moyens d'exécution pour arriver à faire de la bonne peinture. C'est une chose de grande importance que de connaître les moyens et de les bien mettre en pratique. Le premier de tous consiste dans la préparation des murs, toiles ou panneaux qui doivent recevoir l'œuvre du peintre.

Les tableaux des anciens maîtres, les mieux conservés, sont ceux qui ont été peints sur une préparation à l'eau mêlée de blanc pur. Cela fait avec le plus grand soin, ils procèdent à l'exécution aidés d'un carton-dessin mis à l'effet où tout est arrêté; c'est leur tableau même, mais d'une seule couleur. Après avoir dessiné par le moyen de la mise au carreau leur composition sur le mur, sur le panneau ou sur la toile, ils font leur ébauche avec des couleurs broyées à l'eau aussi, ayant soin de n'employer que des tons heurtés, blonds, tendres et doux. En séchant, cette peinture à l'eau devient une poudre, une poussière légère, que le moindre frottement peut effacer. Il faut la fixer en insufflant le même liquide qui servira pour peindre.

Alors, seulement alors, ces vieux maîtres se servaient de leurs couleurs broyées à l'huile, et peignaient soit à l'huile, soit avec un liquide, sorte de vernis composé de mastic en larmes, de gouttes résineuses, etc., etc.

On voit que les vieux maîtres, dans l'exécution de leurs œuvres, ne laissaient rien au hasard.

L'artiste peintre doit savoir assez de chimie pour être en état de juger de la nature et de la provenance des couleurs qu'il emploie (1).

Et il vaudrait toujours mieux pour lui de se procurer des couleurs en poudre, de les broyer lui-même, ou de les faire broyer sous ses yeux, soit à l'eau, soit à l'huile.

Tous les maîtres anciens, dont le monde entier admire les œuvres, n'ont pas tous procédé de la même façon.

Leur manière individuelle change avec leur expérience.

Les peintres grecs peignaient à l'encaustique, à la cire sur des panneaux et sur les murs.

Léonard de Vinci, après avoir dessiné son tableau, l'ébauche avec du blanc et du noir mêlé de rouge. Il ne se contente jamais en finissant.

Michel-Ange et Raphaël, après avoir bien arrêté leur composition, dessiné leur carton avec soin, peignent avec la sûreté de la Fresque et de premier coup.

Le Corrége ébauche en grisaille ainsi que le Titien et les maîtres vénitiens.

Rembrandt empâte ses ébauches avec du blanc bistré dans les lumières. Ses ombres sont poussées fort loin dans la pénombre du clair obscur par des tons rompus bitumeux.

Paul Véronèse, ainsi que tous les peintres qui ont fait lumineux, a fait ses ébauches, soit à l'eau ou à la colle, ce que les Italiens appellent la peinture *a tempera*. Ils font aussi de la peinture à l'œuf.

Vélasquez fait de la peinture au dernier coup, c'est-à-dire une peinture qui a été fort travaillée, et qui pourtant a l'air d'être faite au premier coup.

Rubens peint avec une audace et une sûreté qui dépassent tout ce qui a été fait avant lui. Ses esquisses peintes sont merveilleuses d'exécution. Rubens ébauche ses tableaux avec des frottis transparents à tons rougeâtres. Ses lumières sont grises et argentées. Ses fonds sont toujours harmonieux et brillants. C'est le peintre des couleurs les plus vives et des tons les plus entiers qu'il a su rendre harmonieux. Rubens est certainement le peintre qui a montré le plus de verve, de fougue et de génie dans la richesse de ses compositions fastueuses. Le tout exécuté avec une incroyable et merveilleuse facilité. Néanmoins, tout en l'admirant, je serais assez de l'avis de ceux qui trouvent que Rubens est un maître dangereux à suivre pour les élèves commençants.

---

(1) Nous apprenons qu'une Société d'artistes peintres est en train de se former par actions, afin d'être bien assurés de la qualité des produits qu'ils emploient comme toiles ou panneaux, couleurs, etc., etc.

PARIS. — IMPRIMERIE DE E. MARTINET, RUE MIGNON, 2.

ANTOINE ÉTEX
Paris, 1850-1877

COURS ÉLÉMENTAIRE DE DESSIN
APPLIQUÉ A L'ARCHITECTURE, A LA SCULPTURE ET A LA PEINTURE
AINSI QU'A TOUS LES ARTS INDUSTRIELS

GÉOMÉTRIE — PERSPECTIVE — DESSIN

SCULPTURE — ARCHITECTURE — PEINTURE

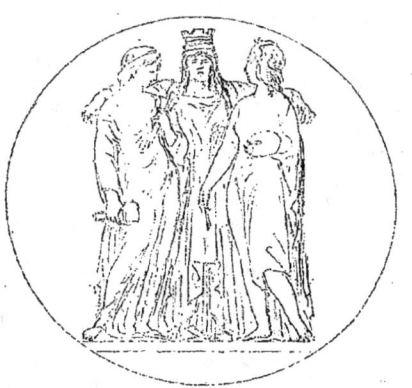

APPRENDRE A DESSINER PAR LA GÉOMÉTRIE
C'EST APPRENDRE A RECTIFIER LE JUGEMENT PAR LES YEUX
C'EST APPRENDRE A VOIR JUSTE

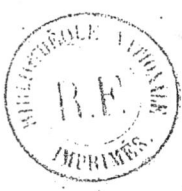 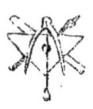 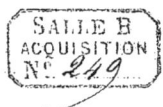

PARIS
LIBRAIRIE RENOUARD
HENRI LOONES, SUCCESSEUR
6, RUE DE TOURNON, 6
1877

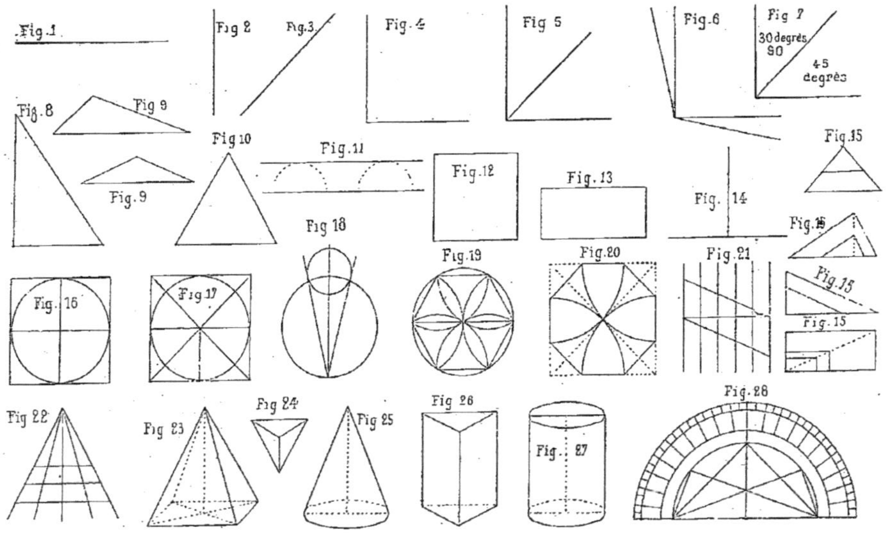

COURS ÉLÉMENTAIRE DE DESSIN PAR A. ÉTEX

PL. I PERSPECTIVE

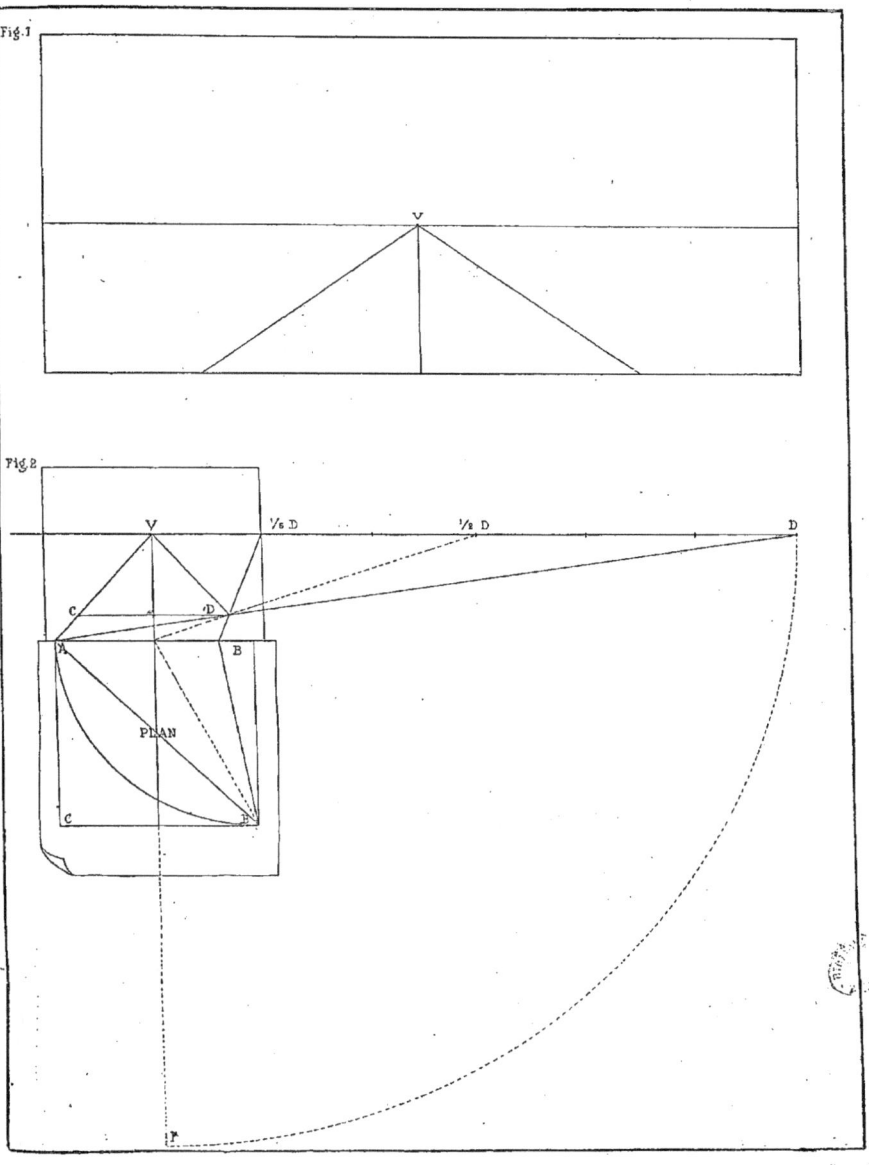

DU POINT DE VUE, DU POINT DE DISTANCE

COURS ÉLÉMENTAIRE DE DESSIN PAR A. ÉTEX

PERSPECTIVE

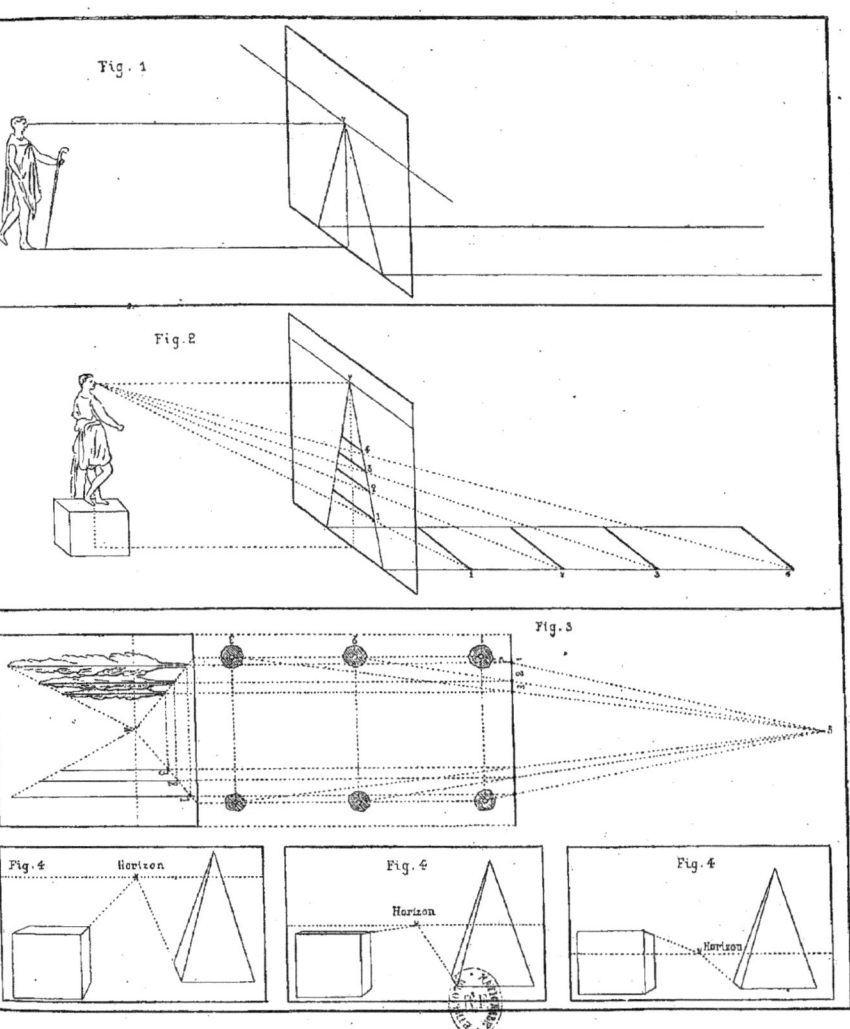

DU POINT DE VUE, DU POINT DE DISTANCE, DE L'HORIZON

COURS ÉLÉMENTAIRE DE DESSIN PAR A. ÉTEX

PERSPECTIVE

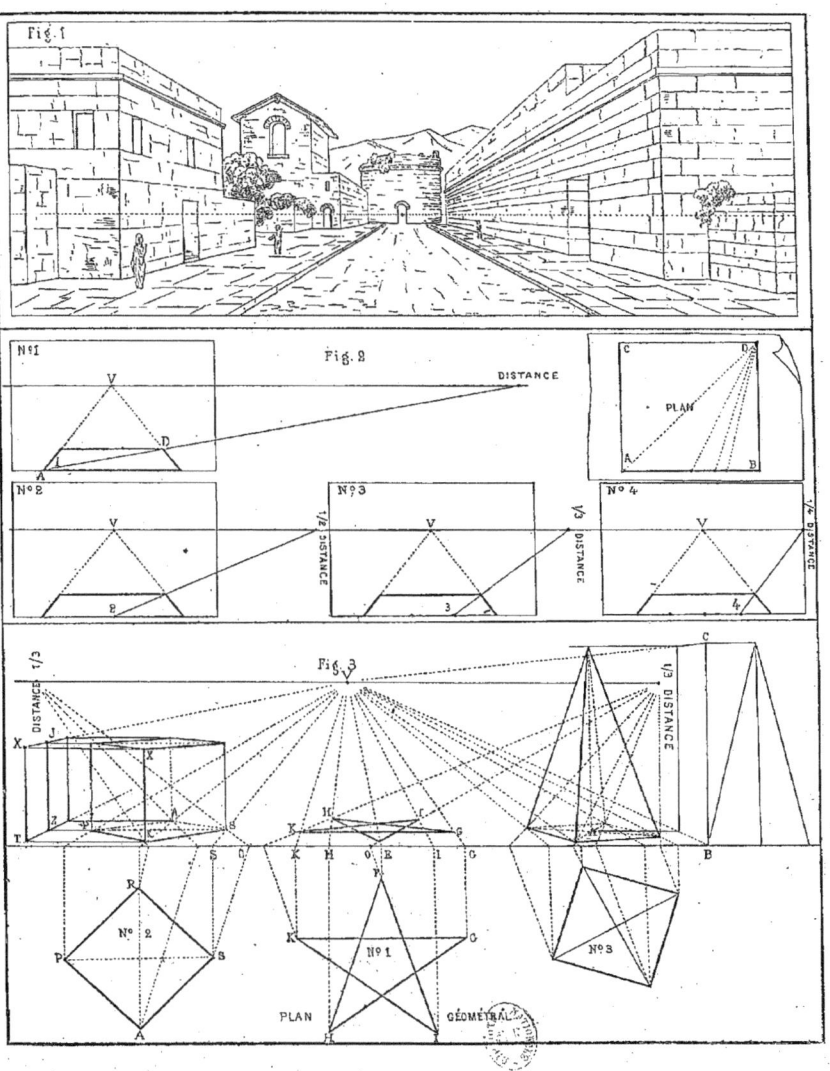

DU POINT DE VUE, DU POINT DE DISTANCE ET DU PLAN GÉOMÉTRAL

COURS ÉLÉMENTAIRE DE DESSIN PAR A. ÉTEX

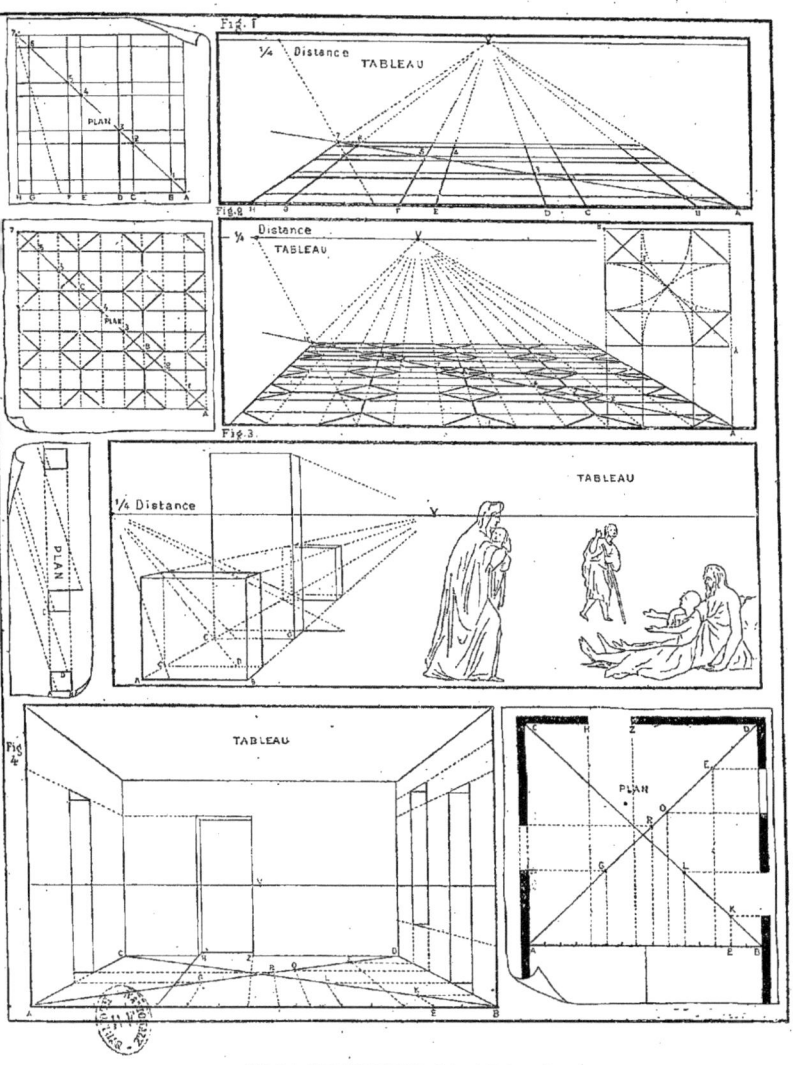

DE LA PERSPECTIVE PAR LE PLAN

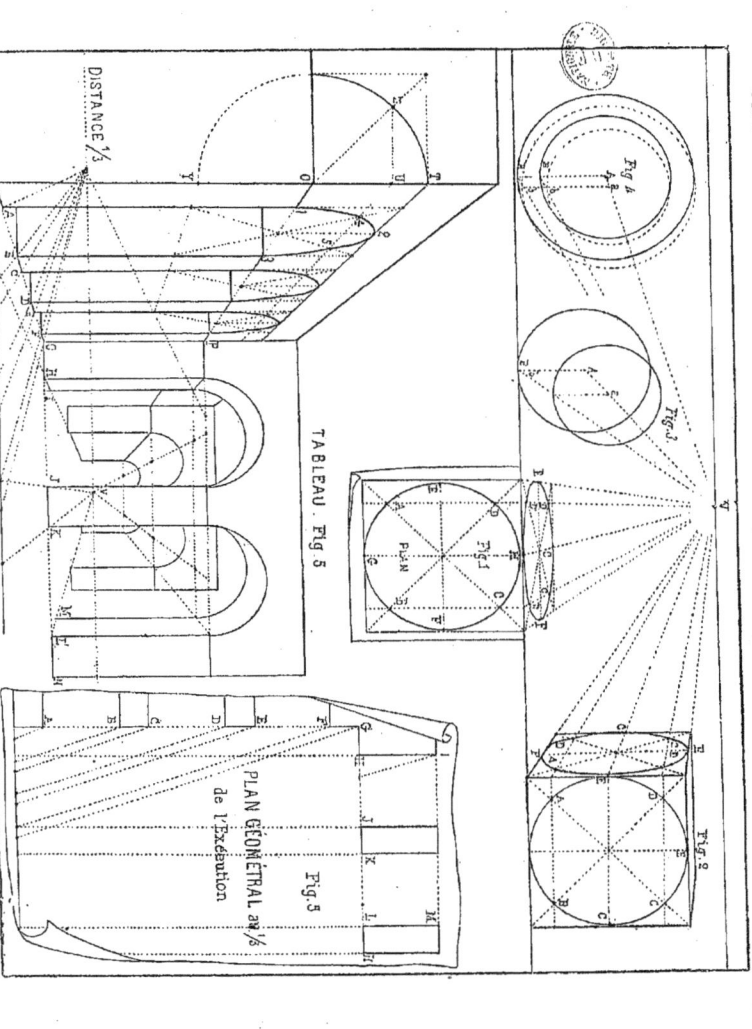

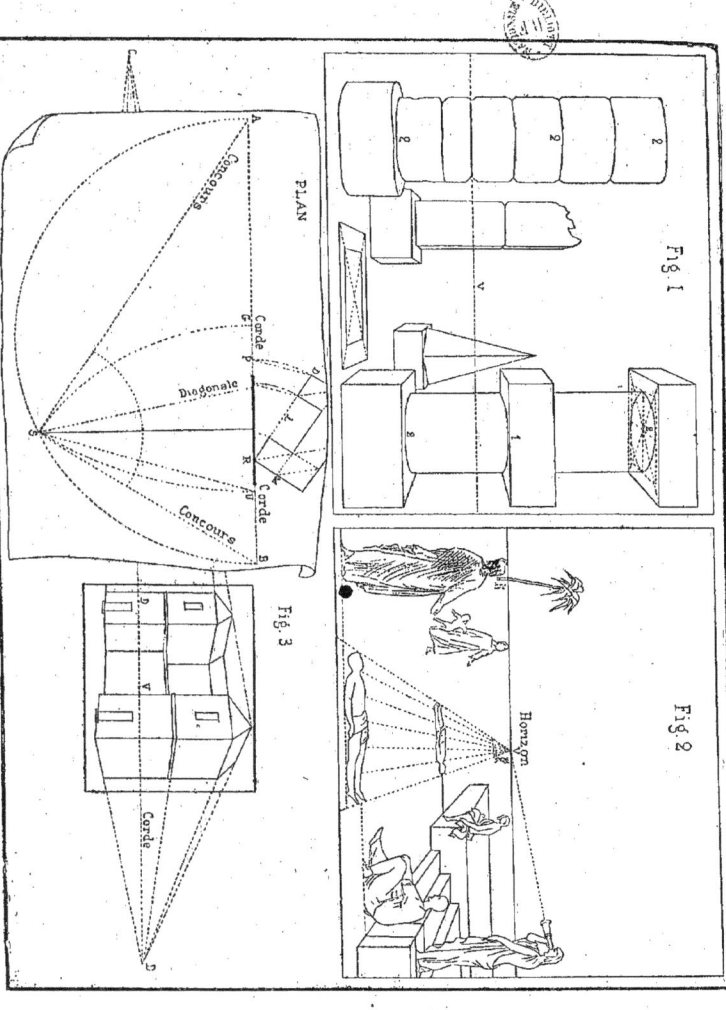

PL. VI — COURS ÉLÉMENTAIRE DE DESSIN PAR A. ÉTEX — PERSPECTIVE

DU CERCLE MIS EN PERSPECTIVE, DE L'ÉCHELLE FUYANTE ET DU POINT ACCIDENTEL

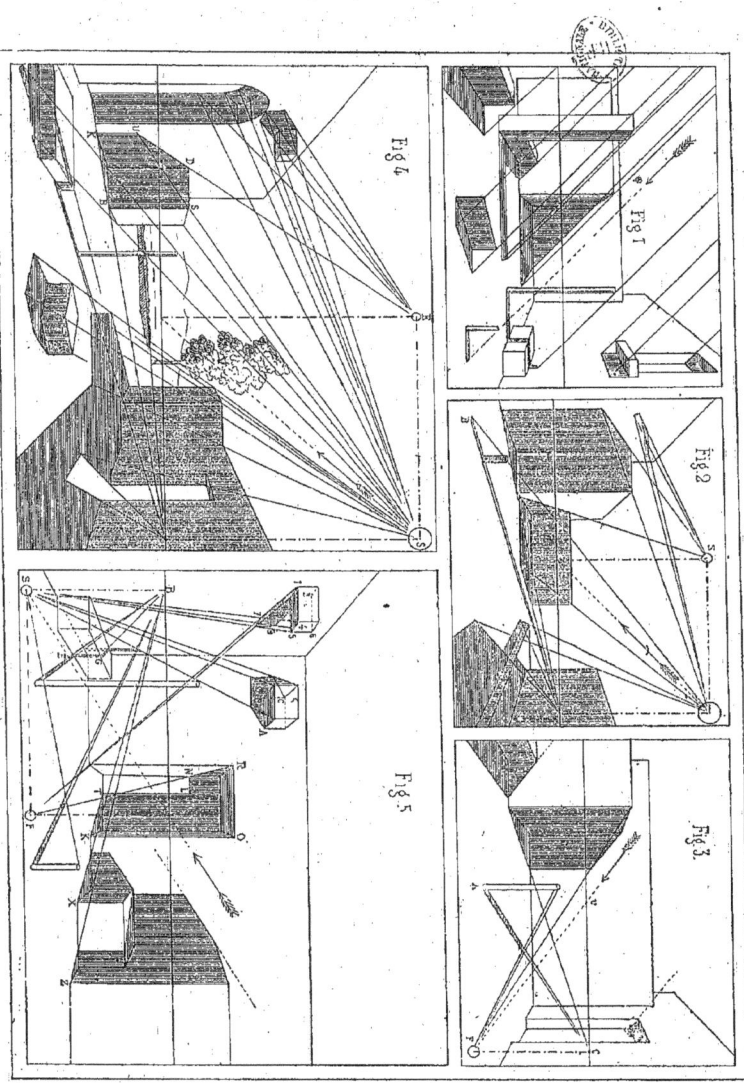

COURS ÉLÉMENTAIRE DE DESSIN PAR A. ÉTEX

PL. VIII   DES OMBRES

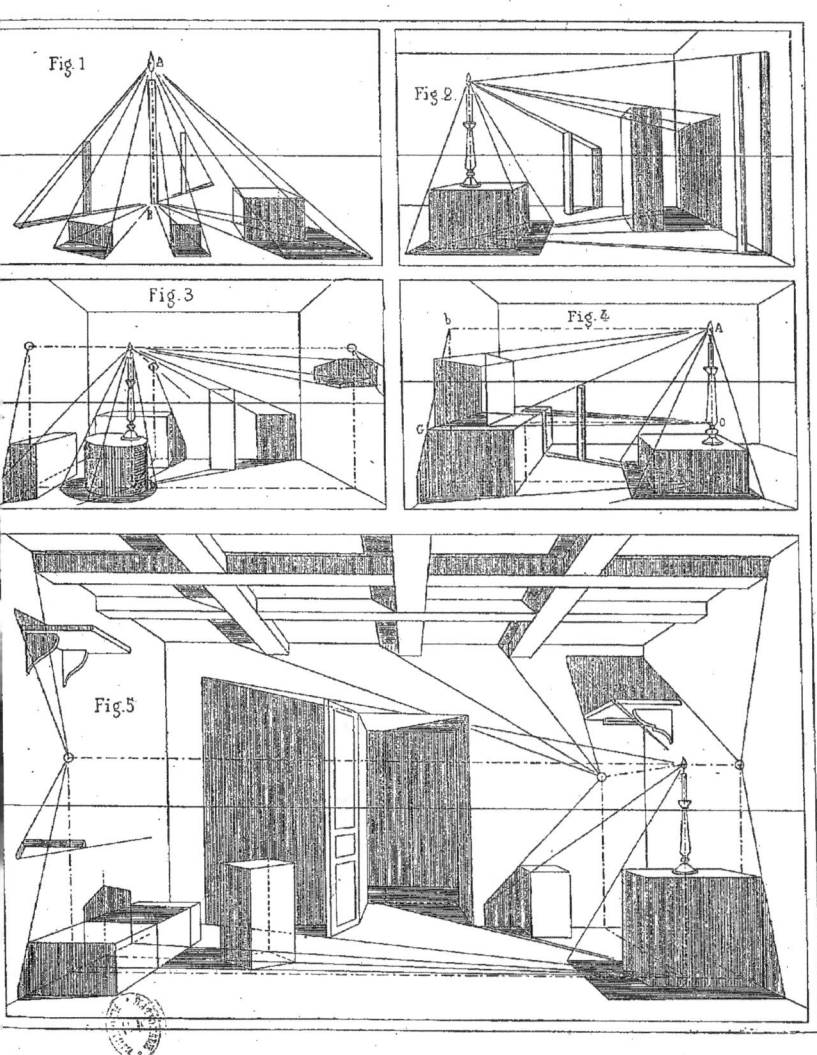

DE LA LUMIÈRE ARTIFICIELLE

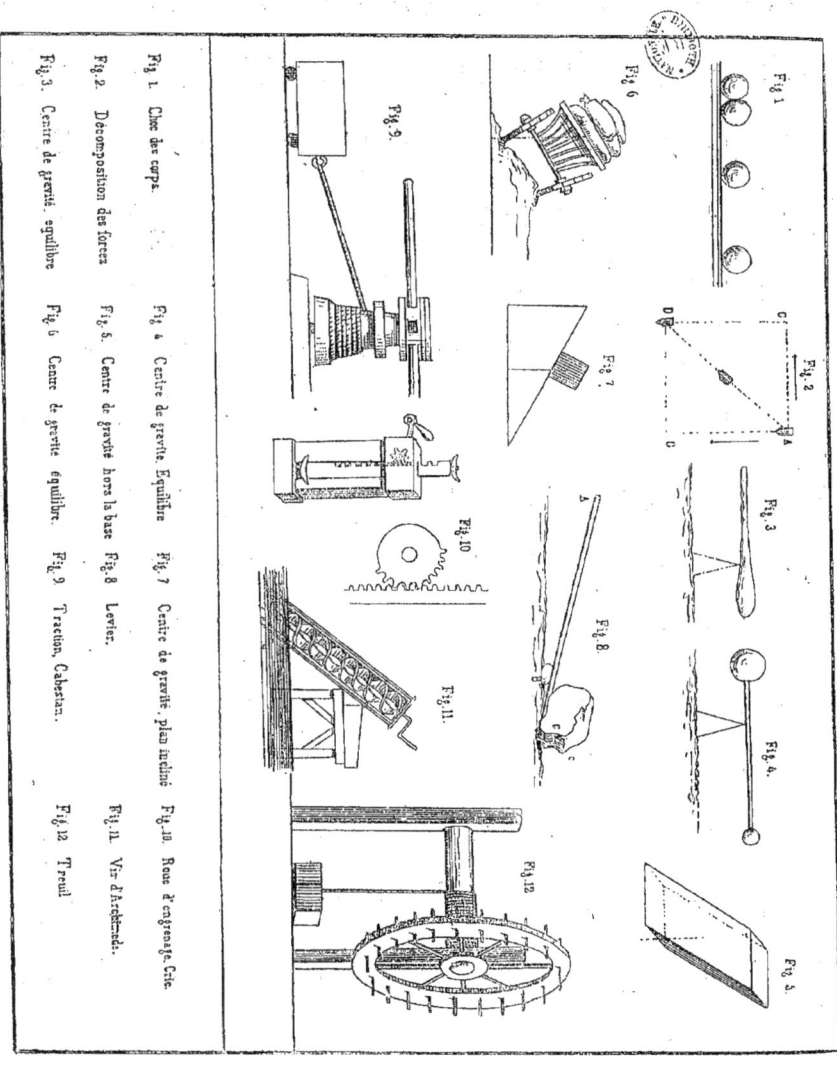

COURS ÉLÉMENTAIRE DE DESSIN PAR A. ÉTEIX

ARCHITECTURE.

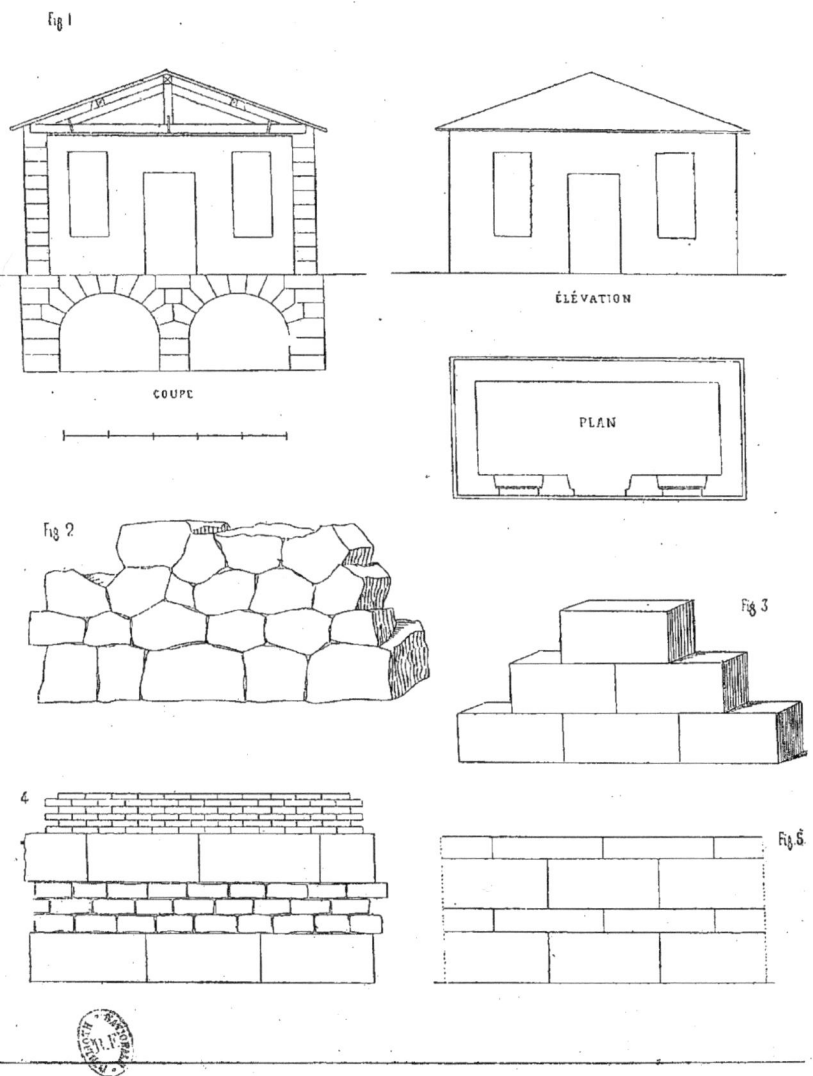

ÉTUDES D'ARCHITECTURE

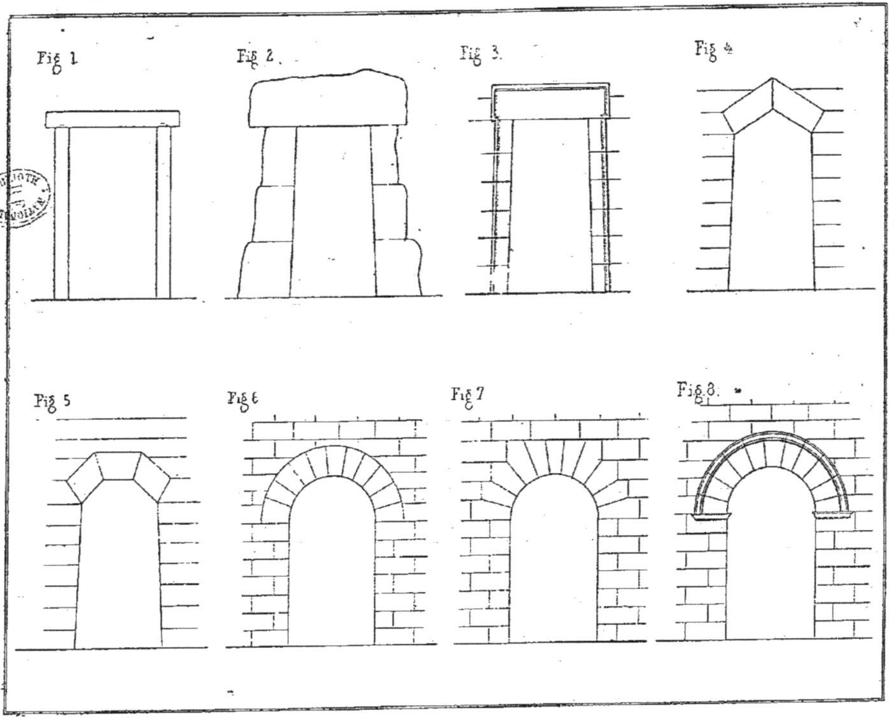

PL. II

COURS ÉLÉMENTAIRE DE DESSIN PAR A. ÉTEX

ARCHITECTURE

Fig 1.
Fig 2.
Fig 3.
Fig 4.
Fig 5.
Fig 6.
Fig 7.
Fig 8.

ÉTUDES D'ARCHITECTURE

COURS ÉLÉMENTAIRE DE DESSIN PAR A. ÉTEX

PL. III   ARCHITECTURE

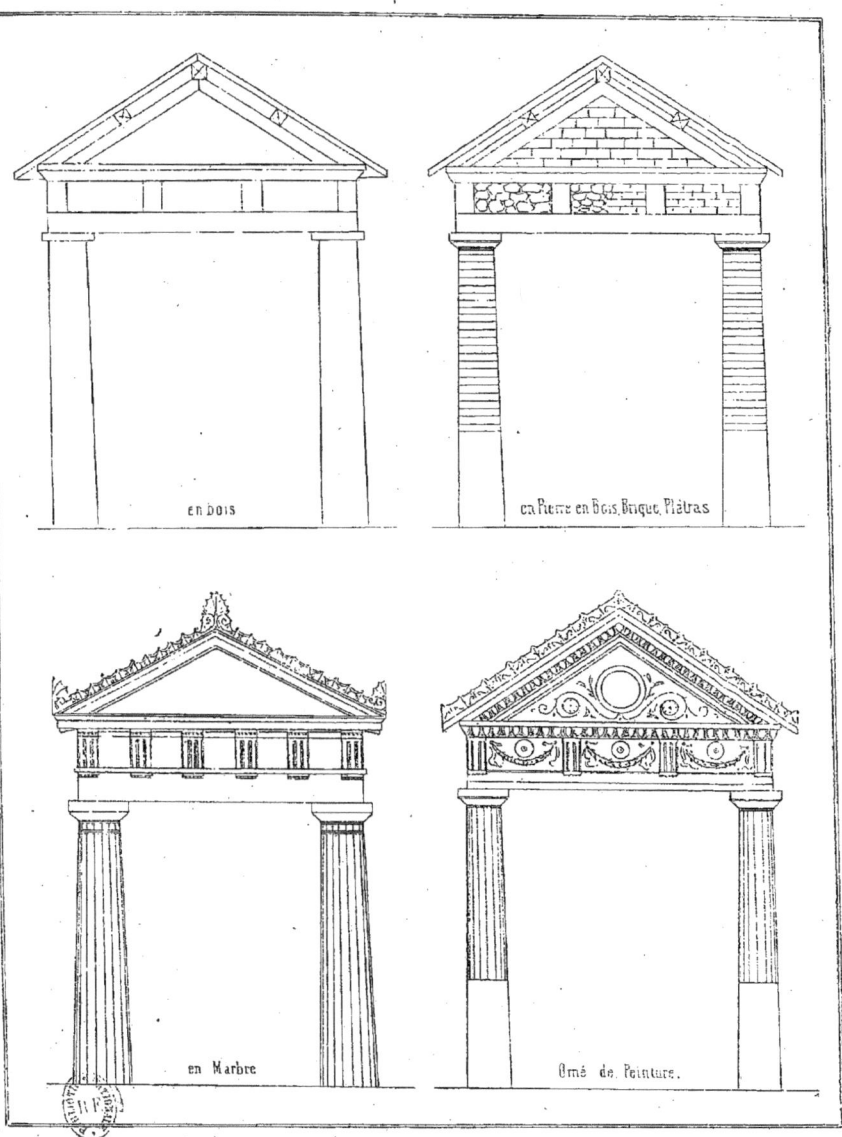

ÉTUDES D'ARCHITECTURE

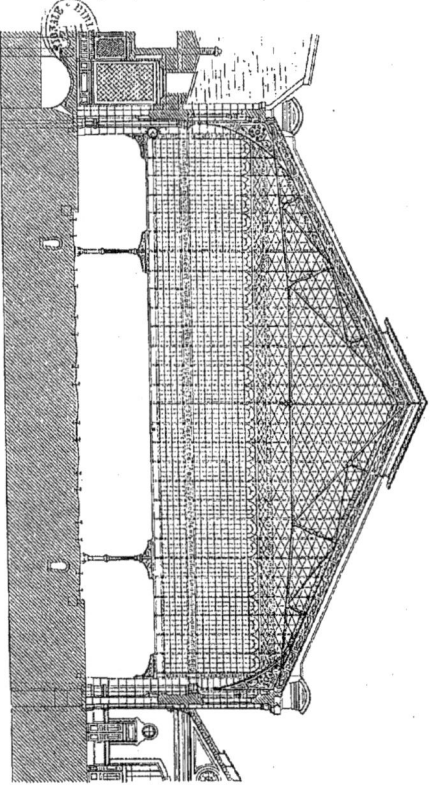

PL. IV.

COURS ÉLÉMENTAIRE DE DESSIN PAR A. ÉTEX

ARCHITECTURE

COMBLES EN FER, 51 MÈTRES DE PORTÉE

COURS ÉLÉMENTAIRE DE DESSIN PAR A. ÉTEX

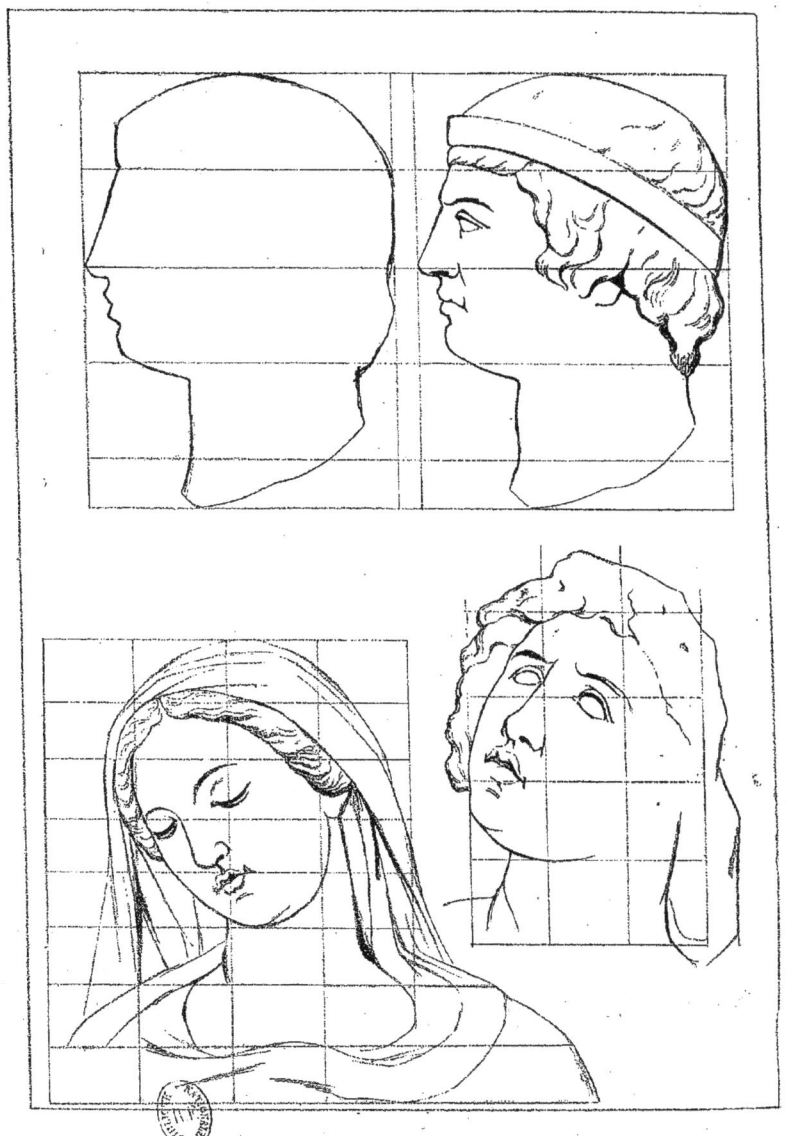

ÉTUDE DE DESSIN PAR LA LIGNE HORIZONTALE ET LA LIGNE VERTICALE

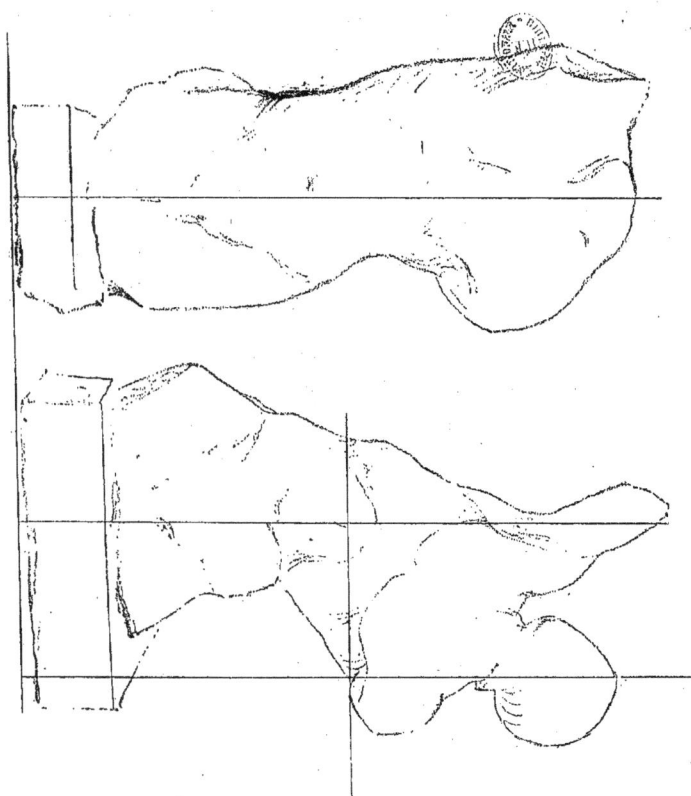

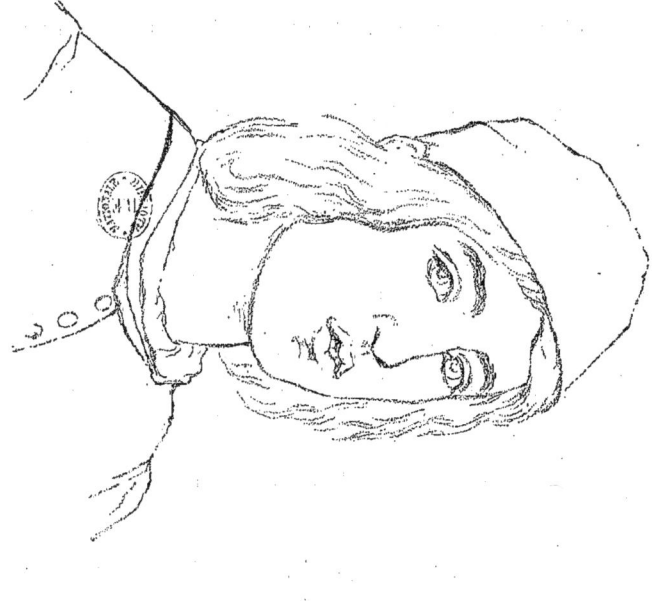

MASACCIO

RAPHAËL

COURS ÉLÉMENTAIRE DE DESSIN PAR A. ÉTEX

PL. III

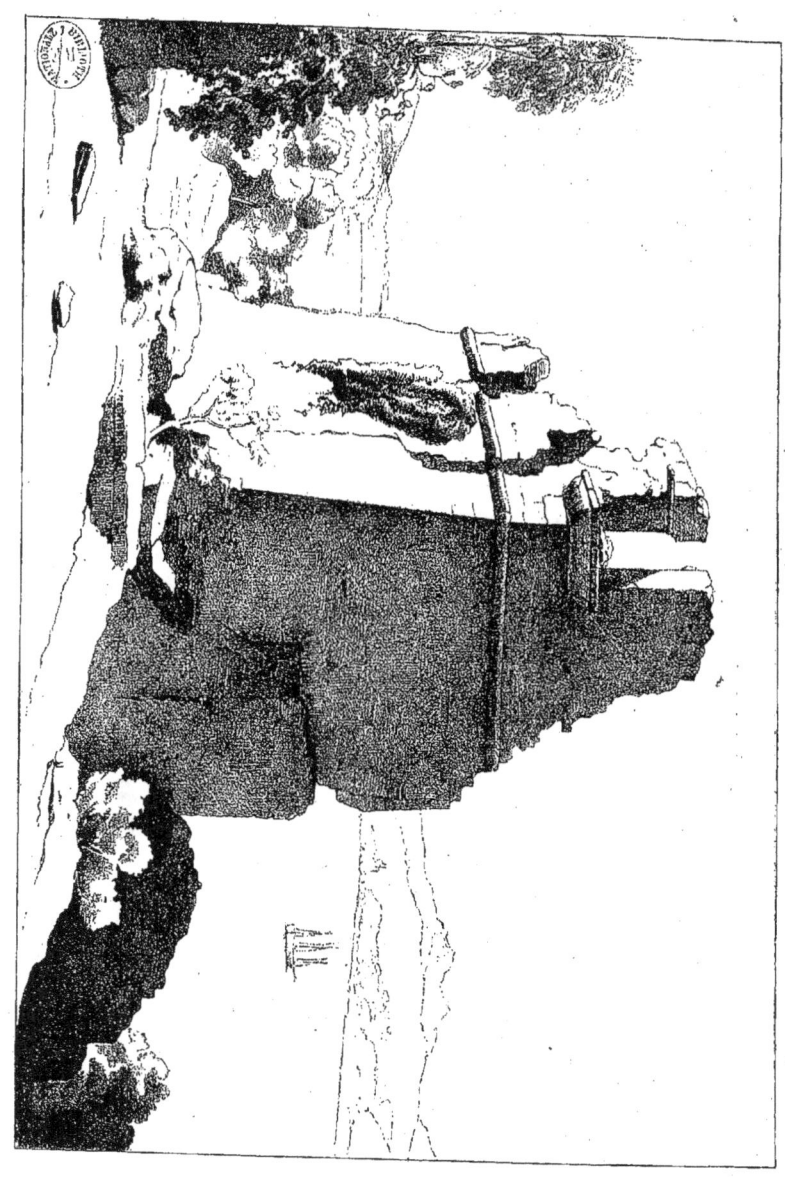

VUE DU GOLFE DE LA SPEZZIA (ITALIE)

DESSIN

COURS ÉLÉMENTAIRE DE DESSIN PAR A. ÉTEX

ÉTUDE D'APRÈS RAPHAËL

COURS ÉLÉMENTAIRE DE DESSIN PAR A. ÉTEX

DESSIN

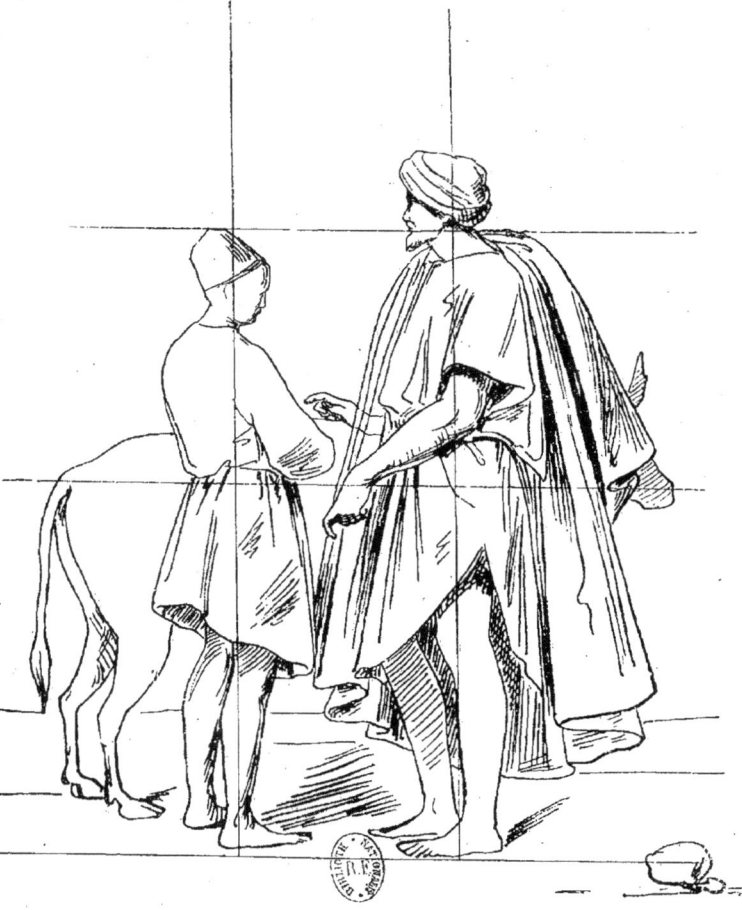

CROQUIS D'APRÈS NATURE A ALGER

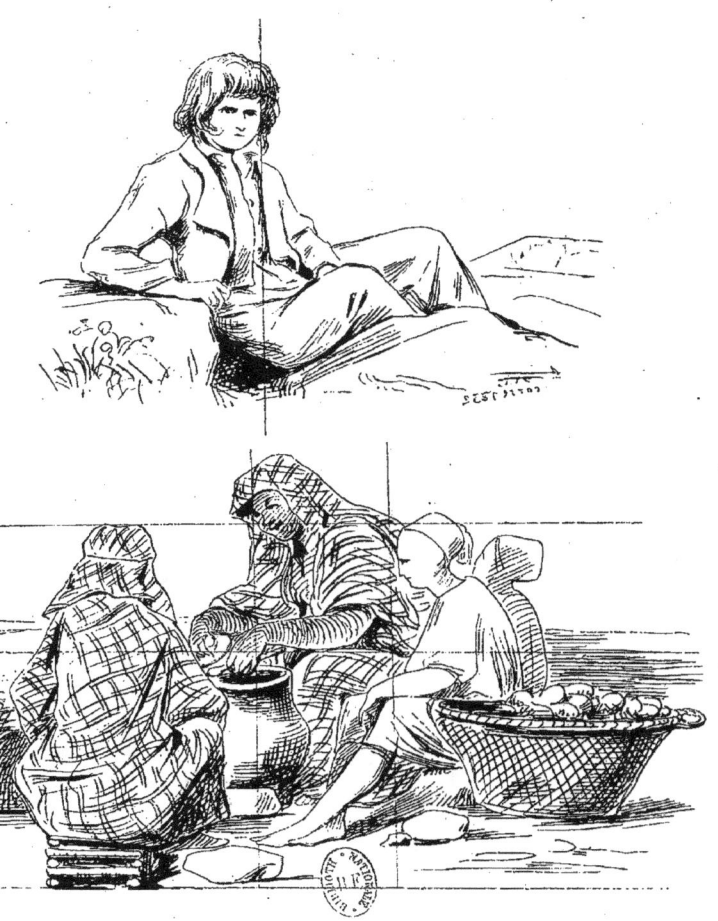

CROQUIS D'APRÈS NATURE, EN CORSE ET A ALGER

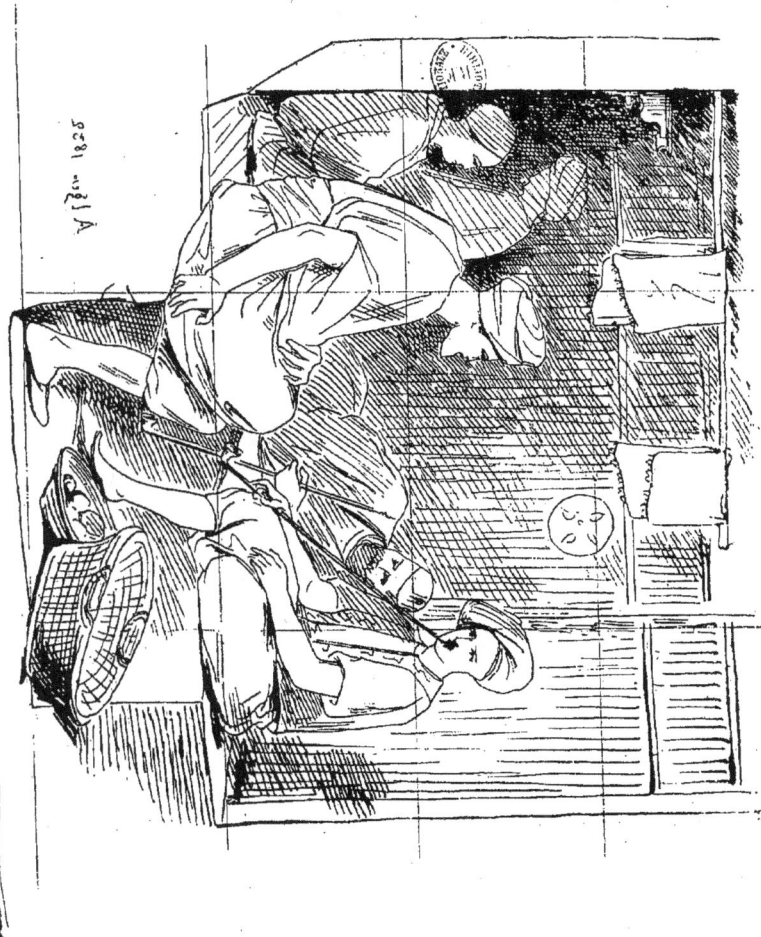

Pl. VII

COURS ÉLÉMENTAIRE DE DESSIN PAR A. ÉTEX

DESSIN

CROQUIS D'APRÈS NATURE A ALGER

COURS ÉLÉMENTAIRE DE DESSIN PAR A. ÉTEX

PL. VIII
DESSIN

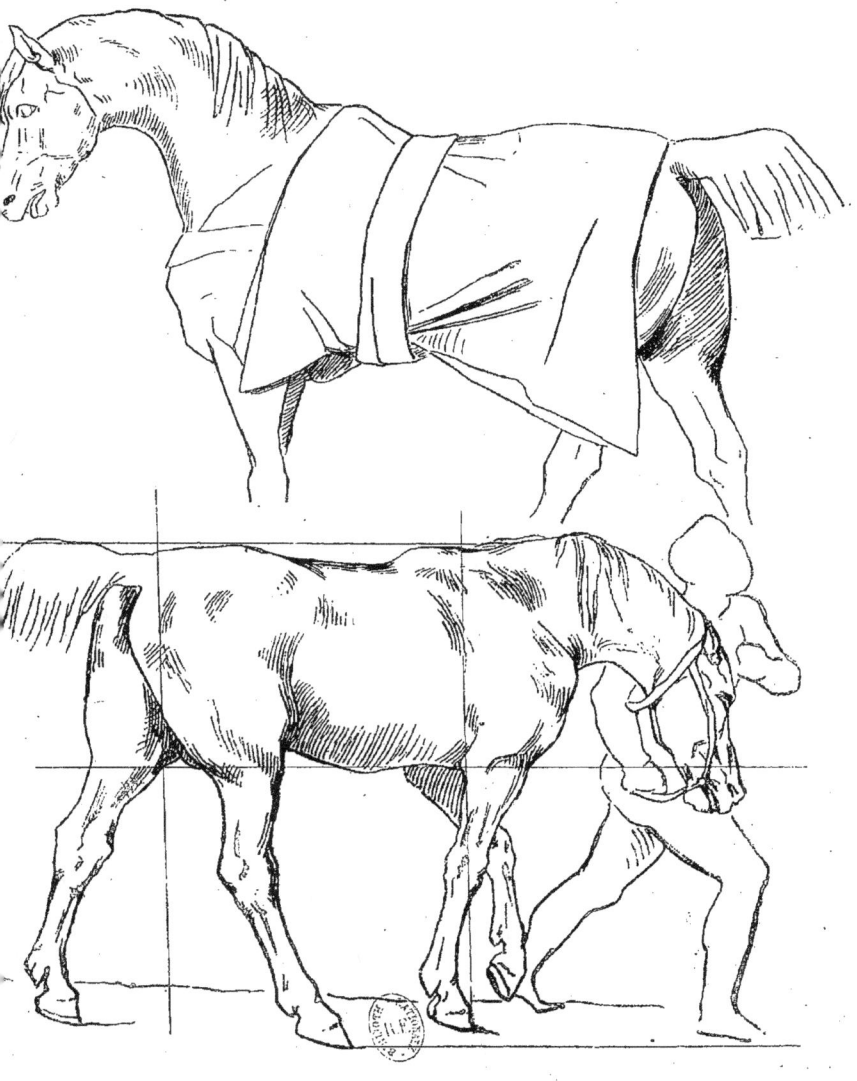

CROQUIS D'APRÈS NATURE PAR GÉRICAULT

PL. IX

COURS ÉLÉMENTAIRE DE DESSIN PAR A. ÉTEX

DESSIN

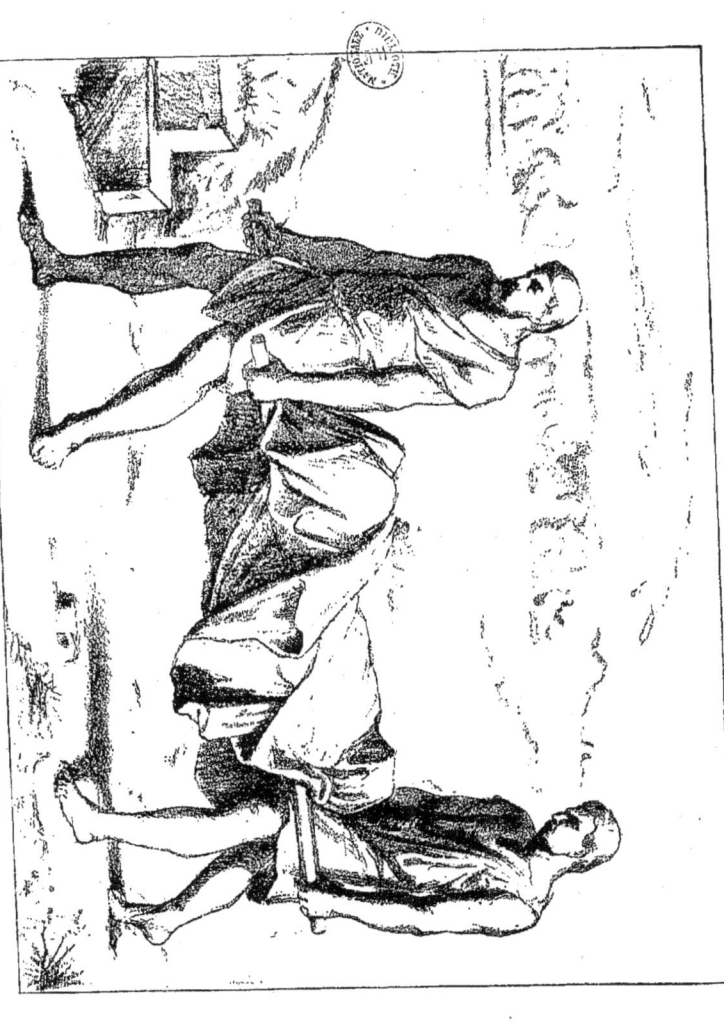

ÉTUDE D'APRÈS NICOLAS POUSSIN

COURS ÉLÉMENTAIRE DE DESSIN PAR A. ÉTEX

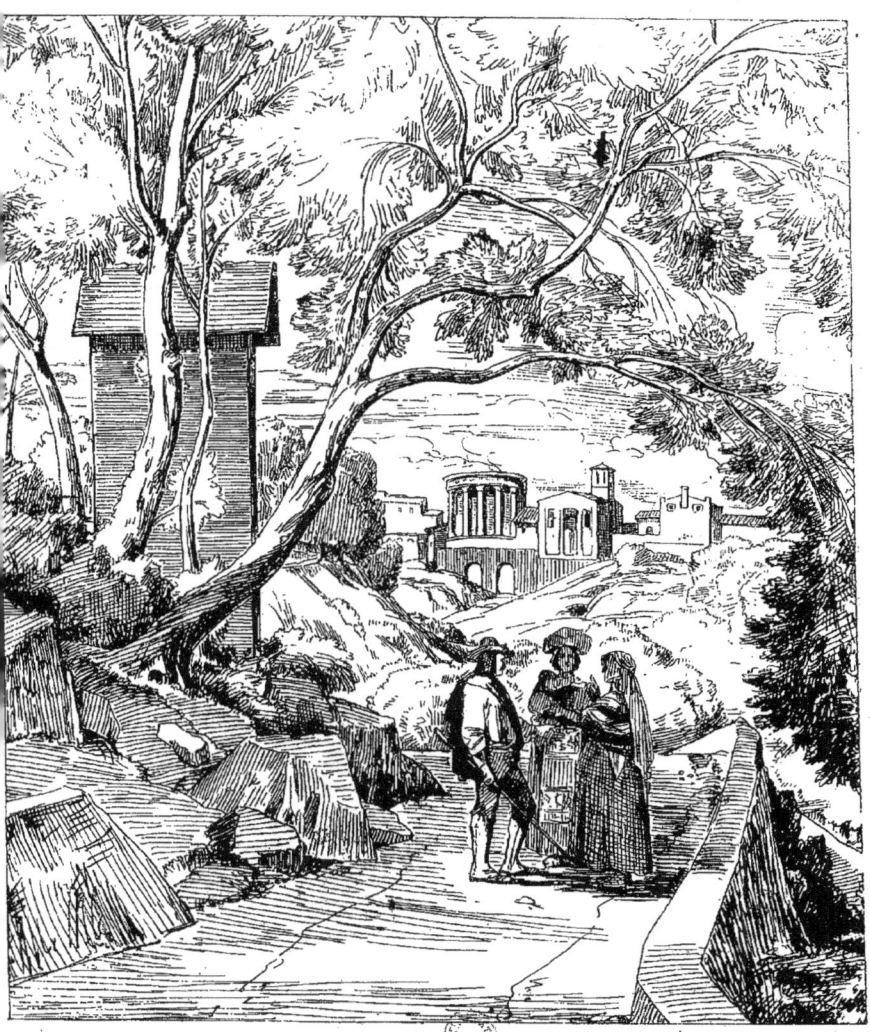

ÉTUDE D'APRÈS ALIGNY

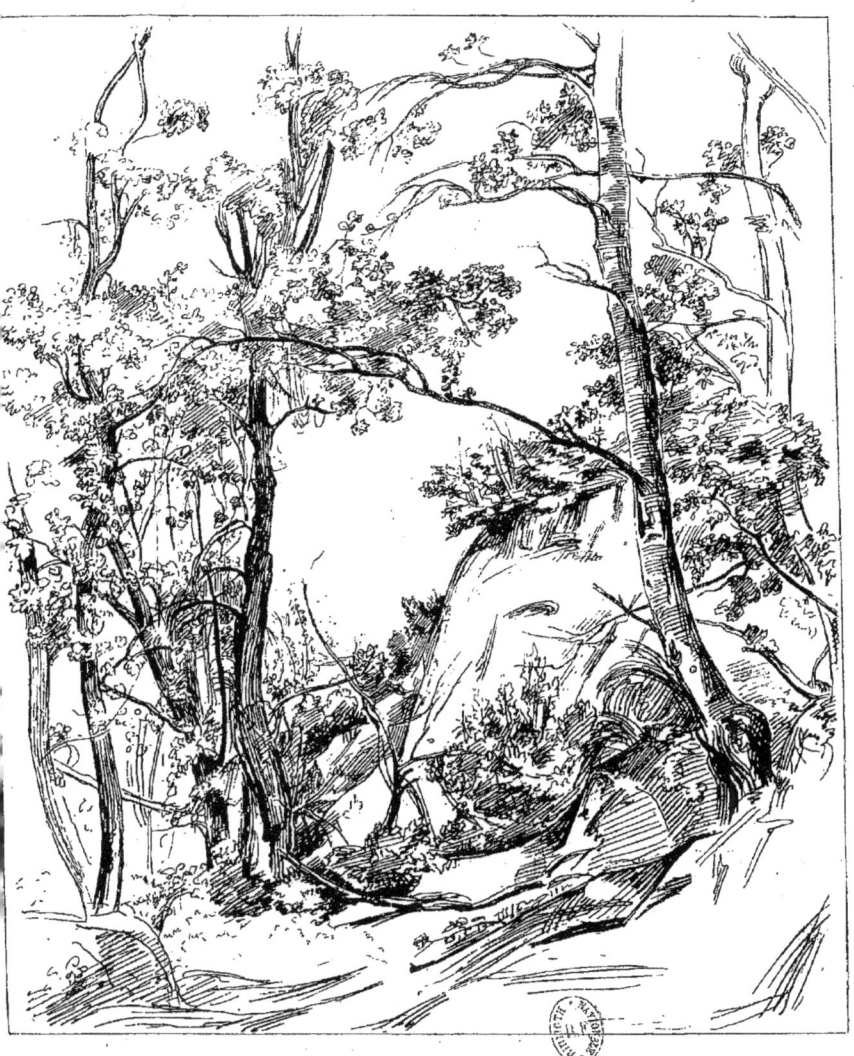

ÉTUDE D'APRÈS COROT

PL. XI

COURS ÉLÉMENTAIRE DE DESSIN PAR A. ÉTEX

DESSIN

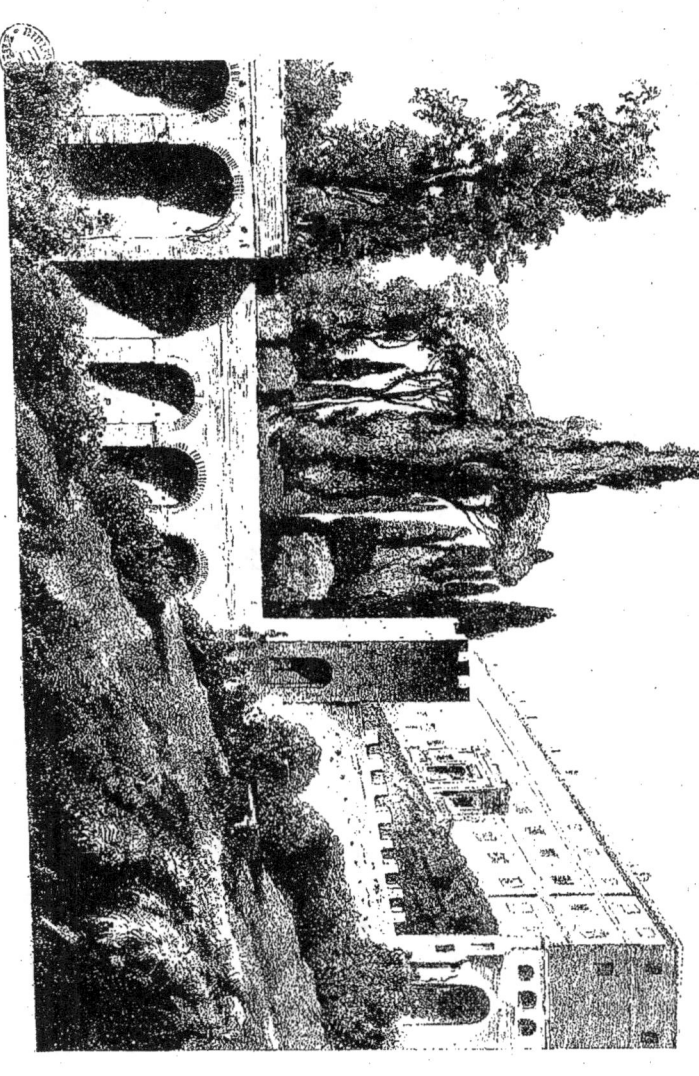

VUE DE LA VILLA D'ESTE (ITALIE)

COURS ÉLÉMENTAIRE DE DESSIN PAR A. ÉTEX

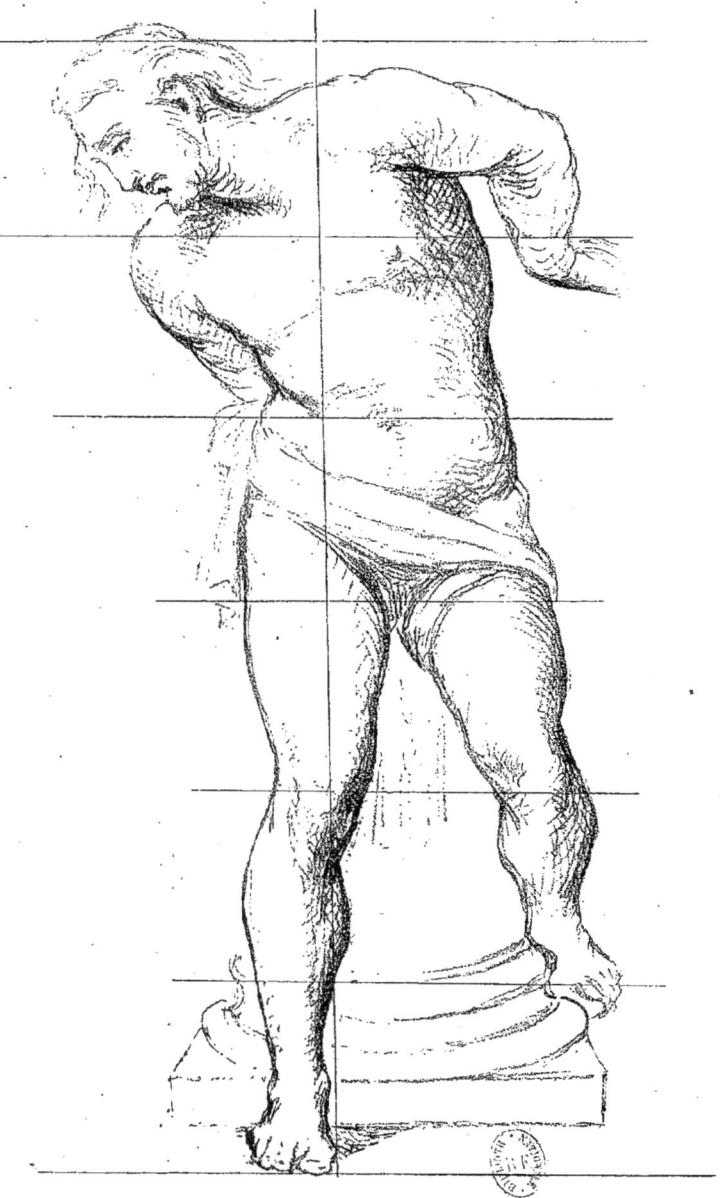

ÉTUDE D'APRÈS SÉBASTIEN DEL PIOMBO

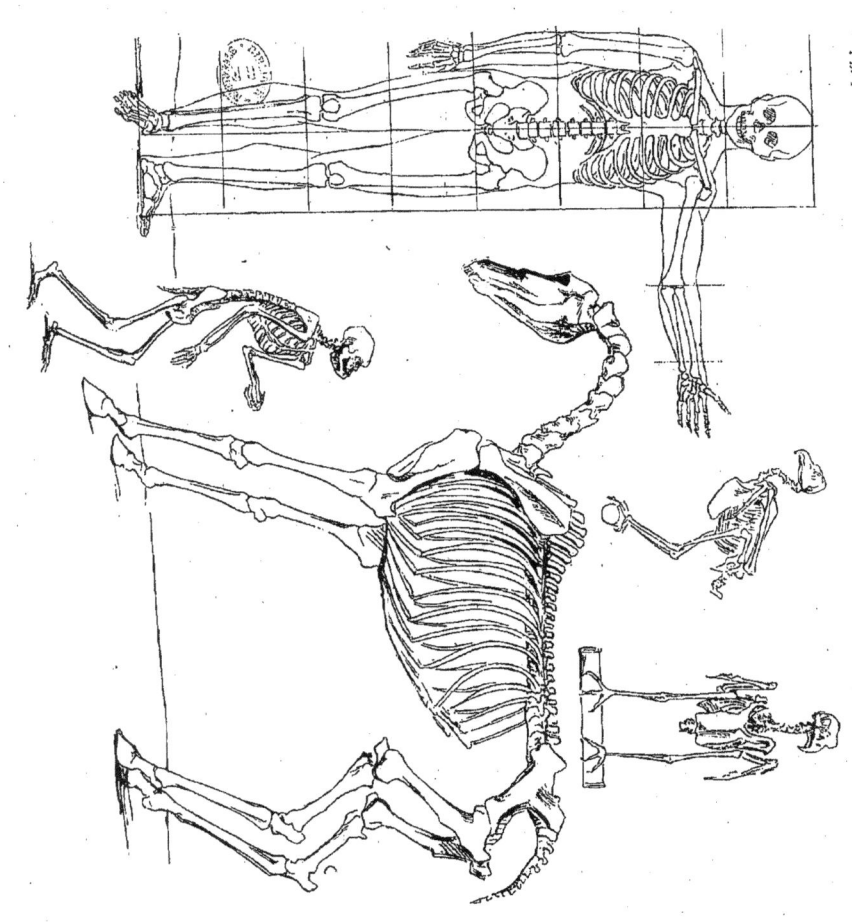

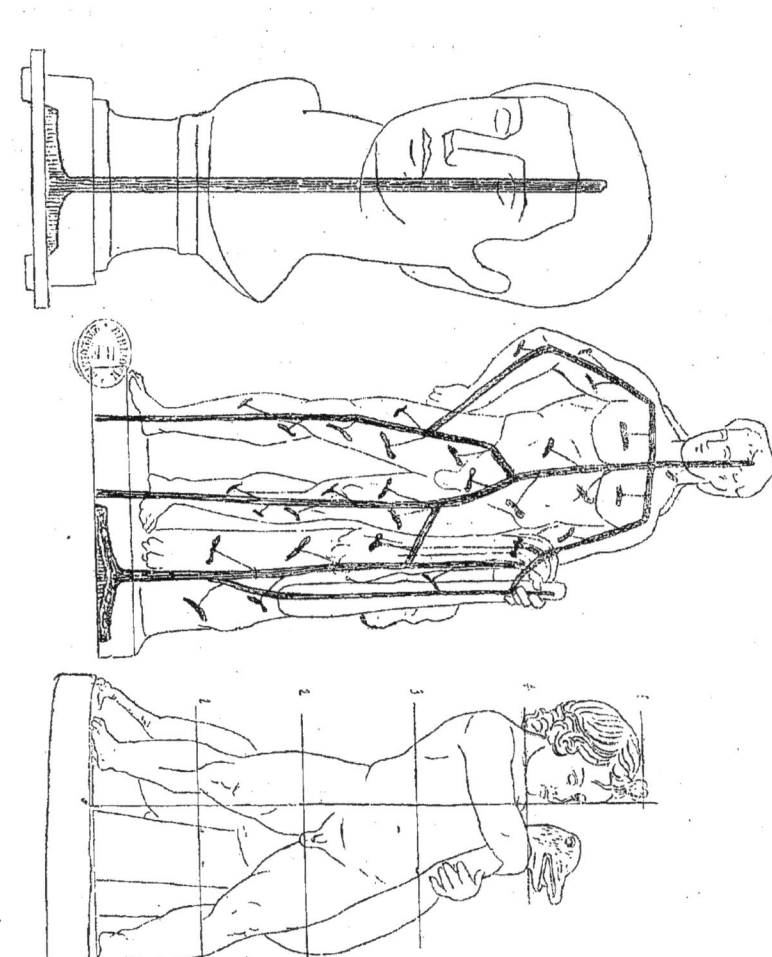

PL. II

COURS ÉLÉMENTAIRE DE DESSIN PAR A. LEFÈVRE

SCULPTURE

ARMATURE D'UN BUSTE, D'UNE STATUE, PROPORTIONS DE L'ENFANT A L'OIE

COURS ÉLÉMENTAIRE DE DESSIN PAR A. ÉTEX

SCULPTURE

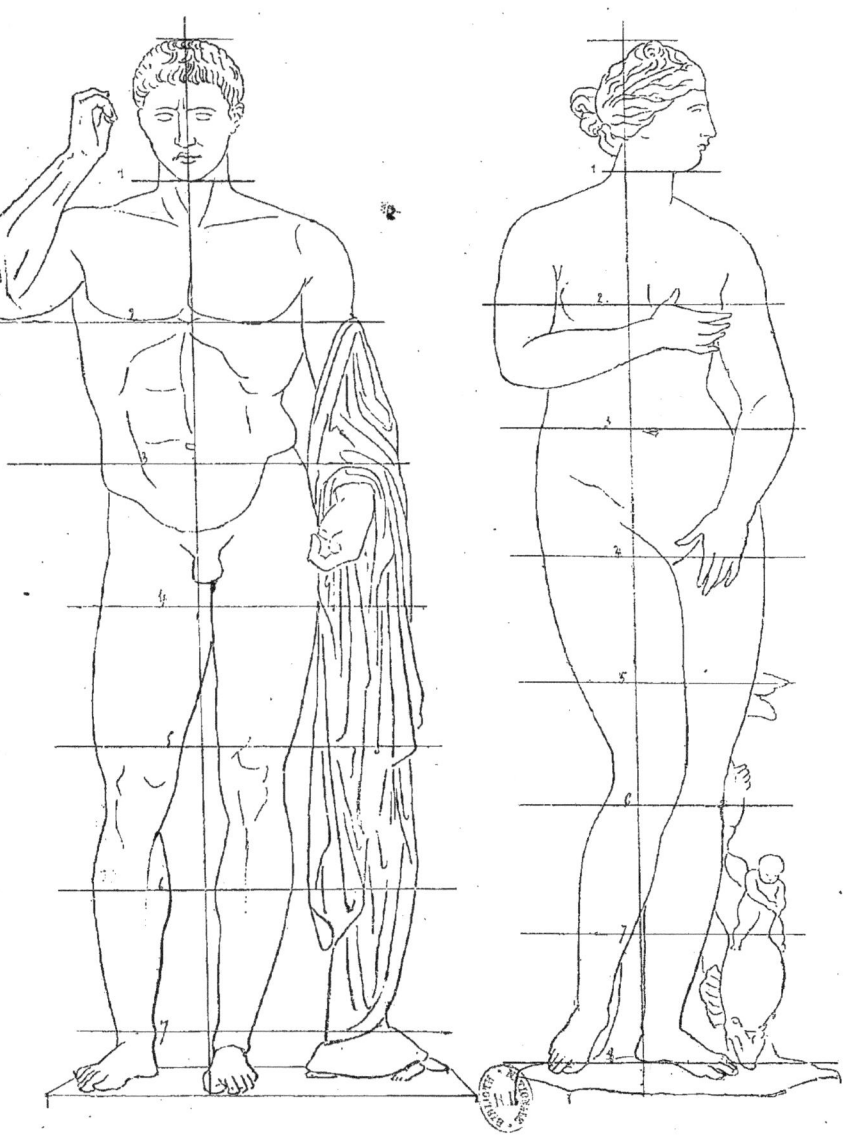

PROPORTIONS DU GERMANICUS ET DE LA VÉNUS DE MÉDICIS

COURS ÉLÉMENTAIRE DE DESSIN PAR A. ÉTEX

PL. IV

SCULPTURE

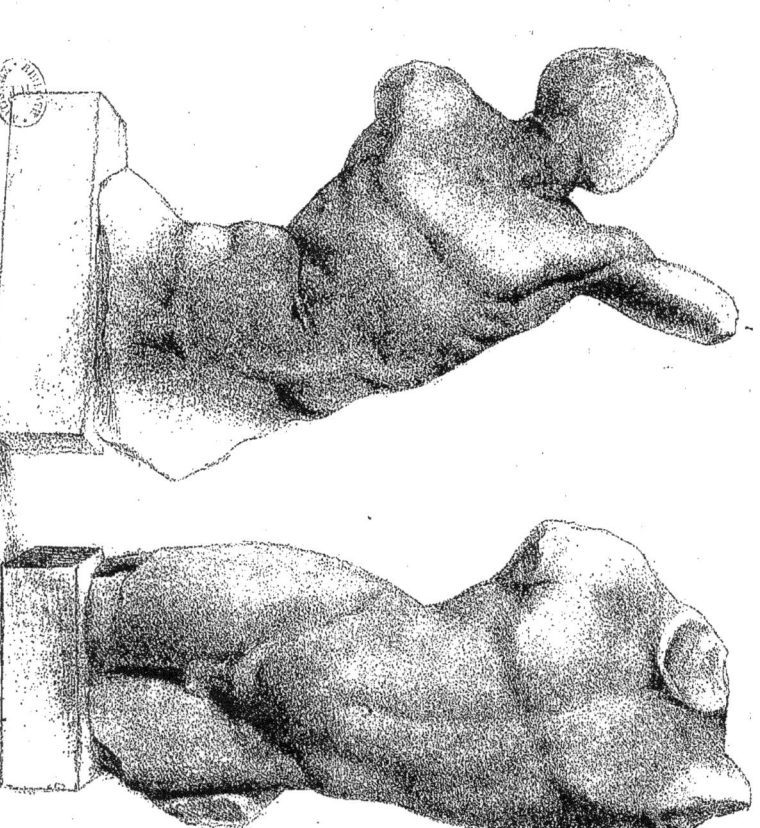

TORSES ANTIQUES (SCULPTURE GRECQUE)

COURS ÉLÉMENTAIRE DE DESSIN PAR A. ÉTEX

PL. V
SCULPTURE

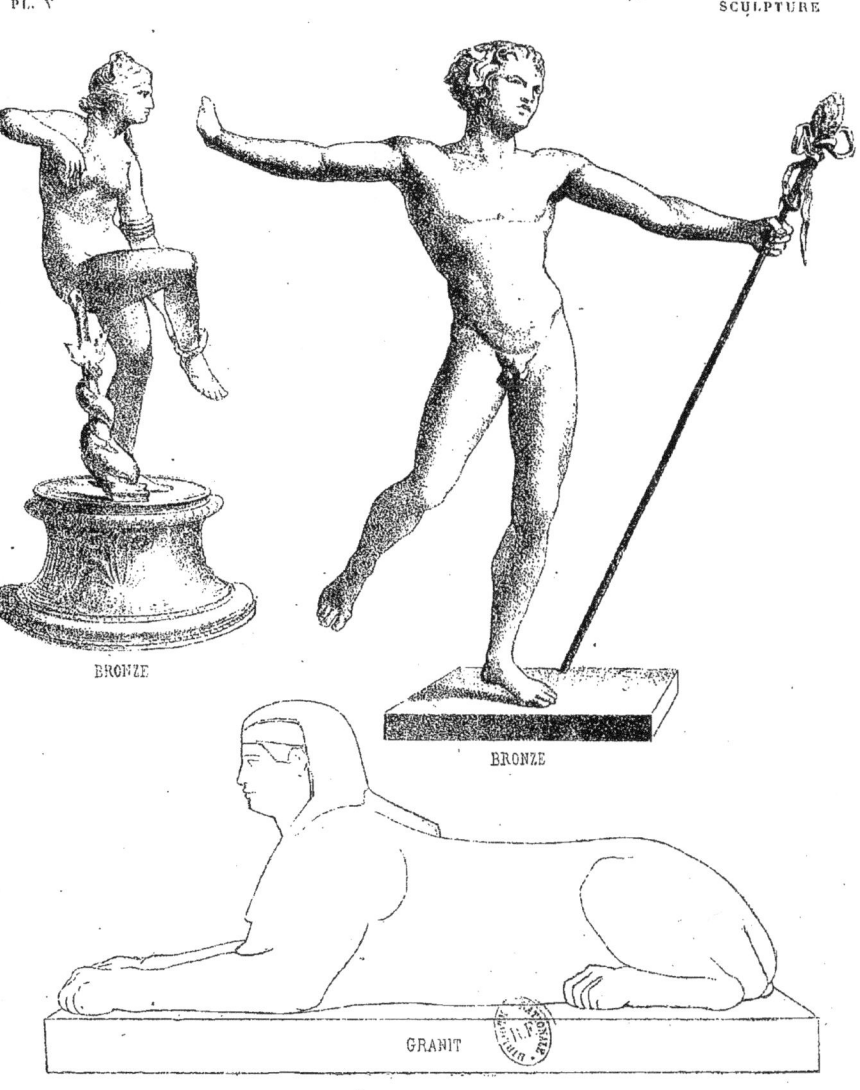

BRONZE

BRONZE

GRANIT

PL. VI

COURS ÉLÉMENTAIRE DE DESSIN PAR A. ÉTEX

SCULPTURE

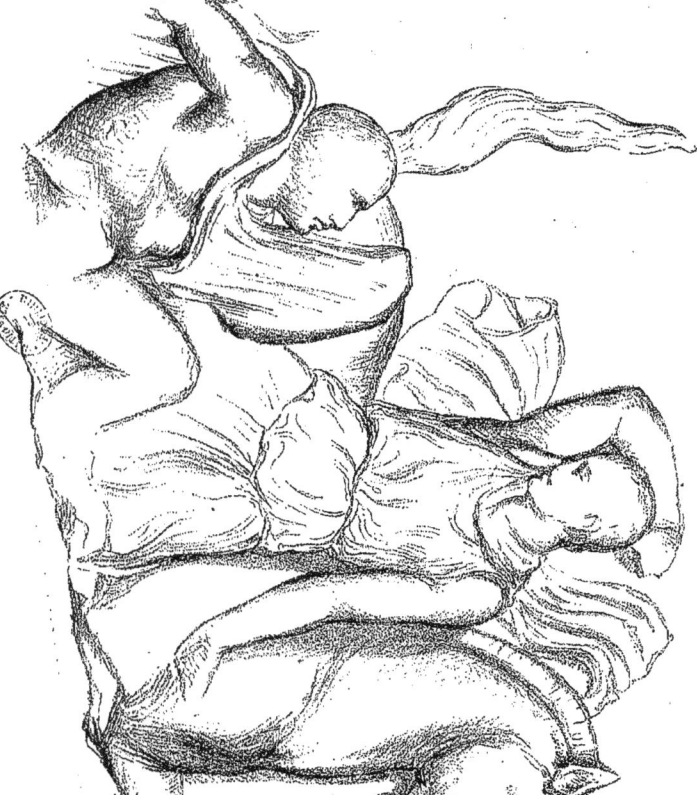

BAS RELIEF GREC

COURS ÉLÉMENTAIRE DE DESSIN PAR A. ÉTEX

SCULPTURE

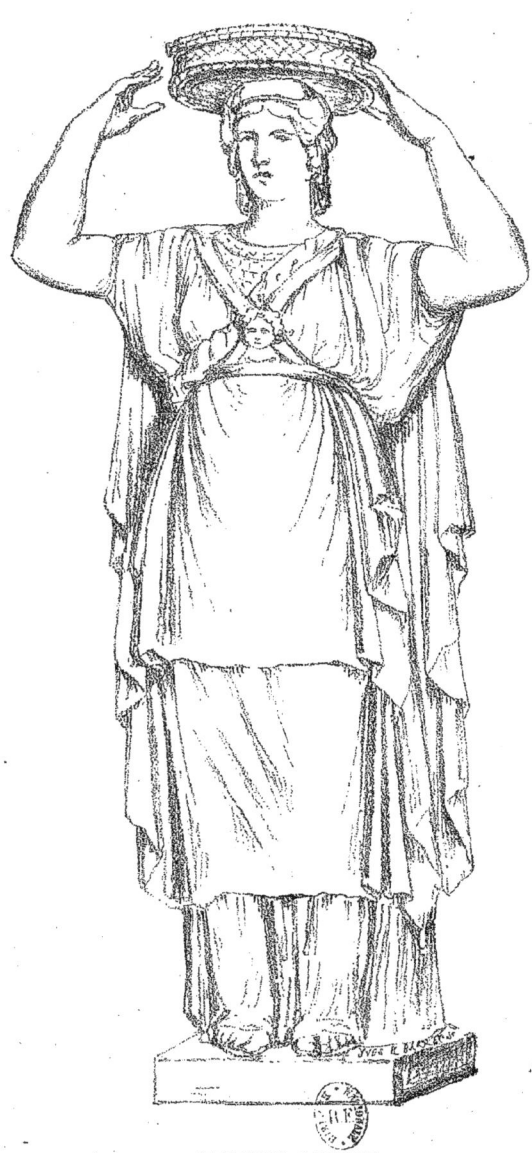

CARIATIDE GRECQUE

COURS ÉLÉMENTAIRE DE DESSIN PAR A. ÉTEX

PL. VIII SCULPTURE

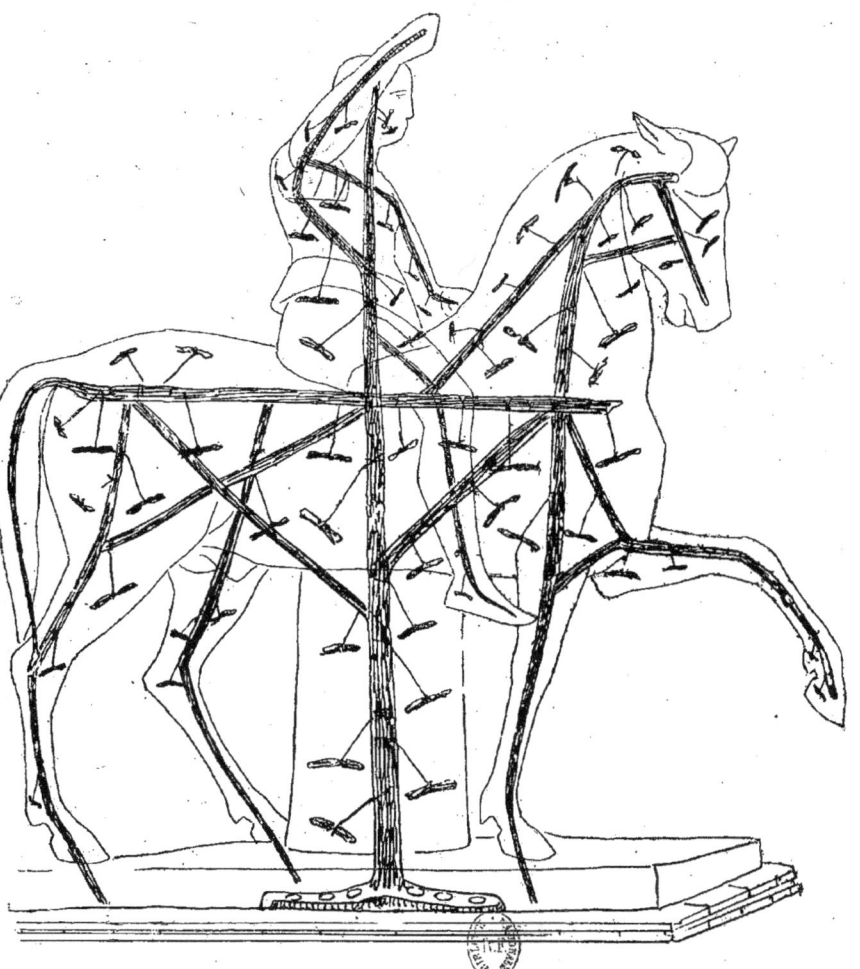

ARMATURE DE LA STATUE ÉQUESTRE DE BALBUS

COURS ÉLÉMENTAIRE DE DESSIN PAR A. ÉTEX

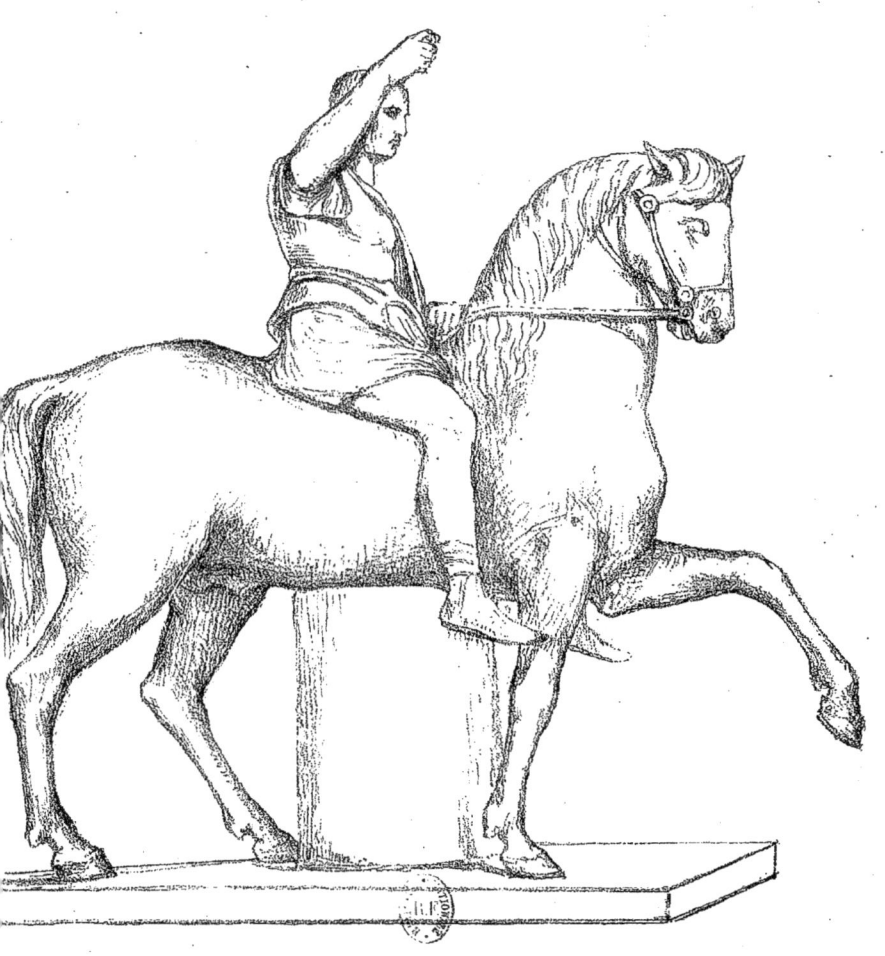

STATUE ÉQUESTRE DE BALBUS FILS

COURS ÉLÉMENTAIRE DE DESSIN PAR A. ÉTEX

SCULPTURE

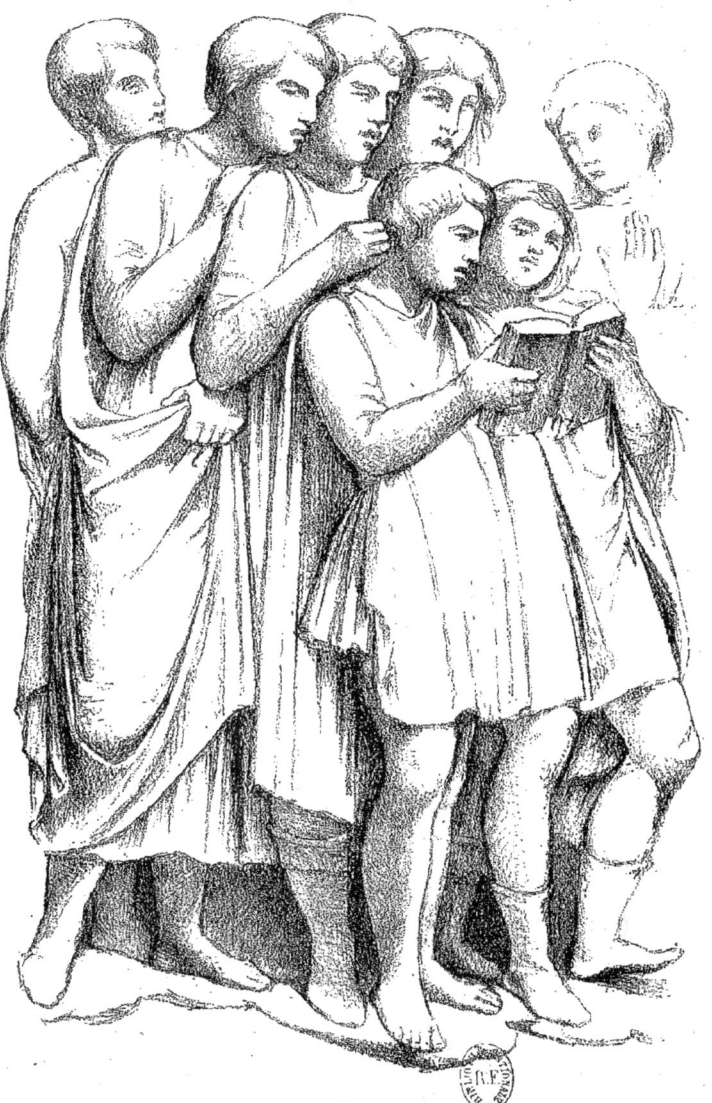

BAS-RELIEF DE LUCCA DELLA ROBBIA (A FLORENCE)

COURS ÉLÉMENTAIRE DE DESSIN PAR A. ÉTEX

PL. I

PEINTURE

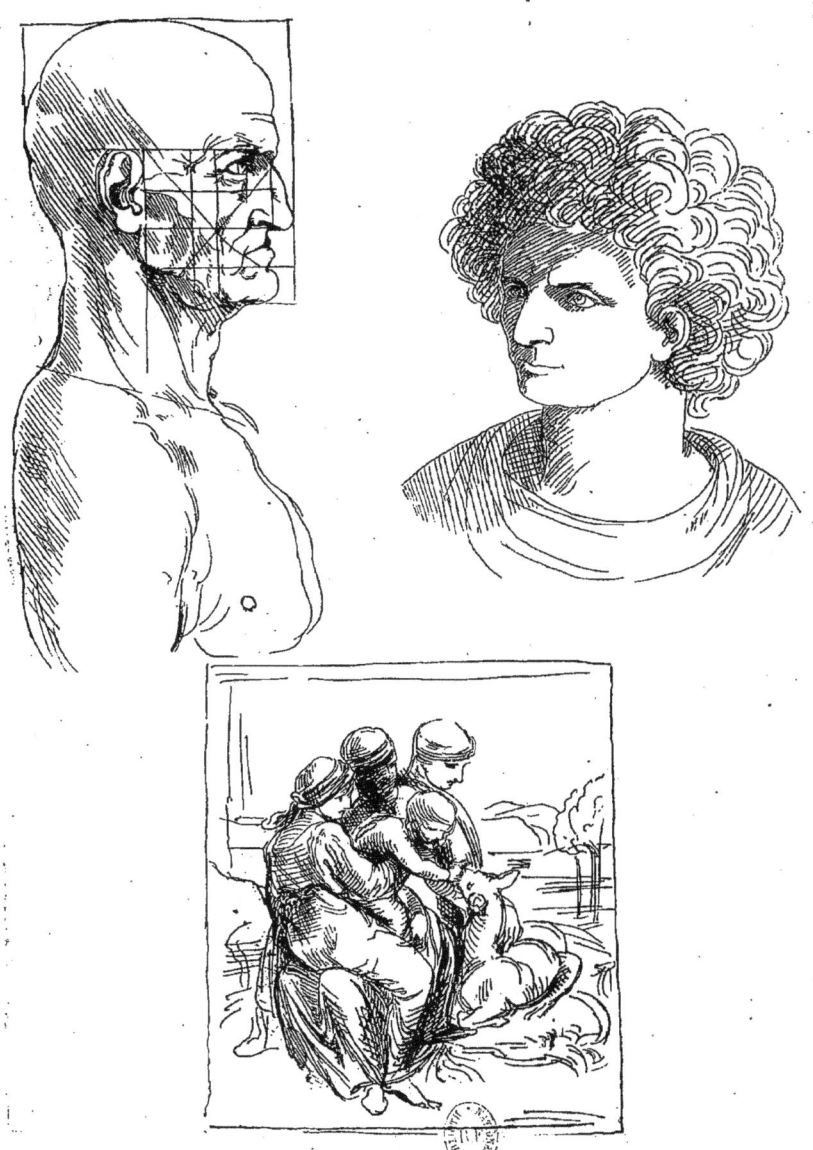

COPIÉ SUR L'ORIGINAL DE LÉONARD DE VINCI

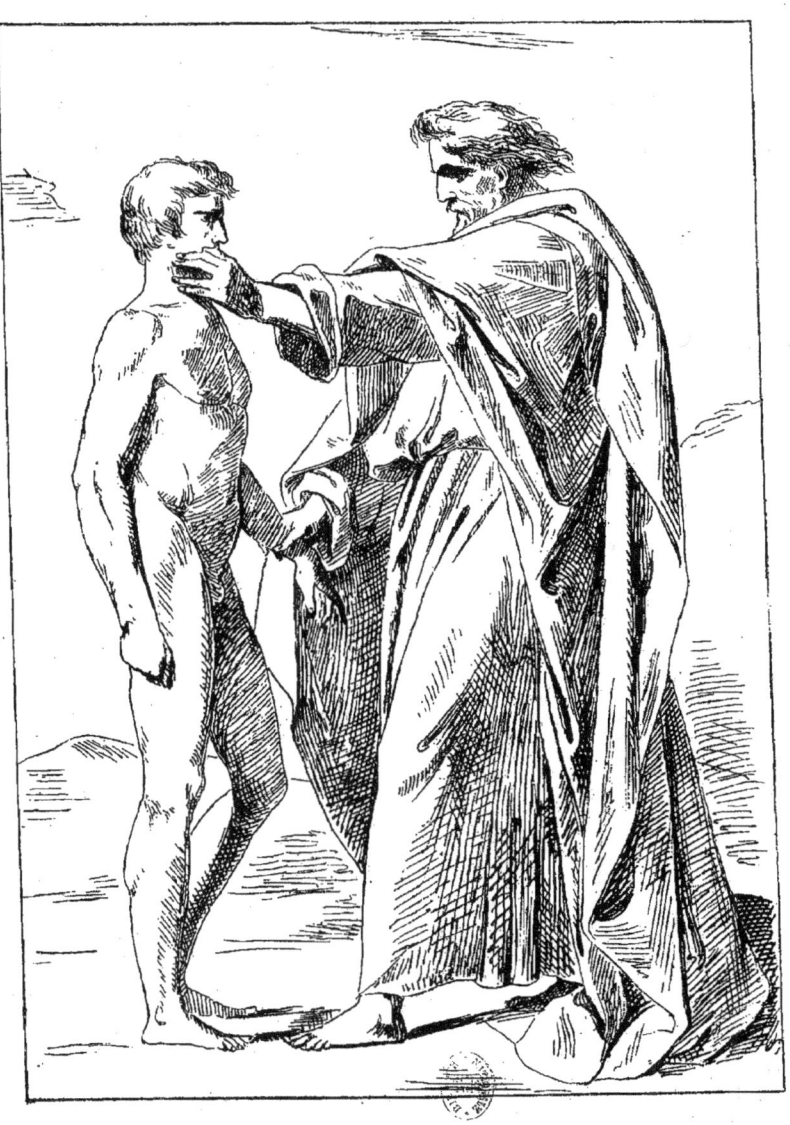

LA CRÉATION (COMPOSITION PAR RAPHAEL)

COURS ÉLÉMENTAIRE DE DESSIN PAR A. ÉTEX

PEINTURE

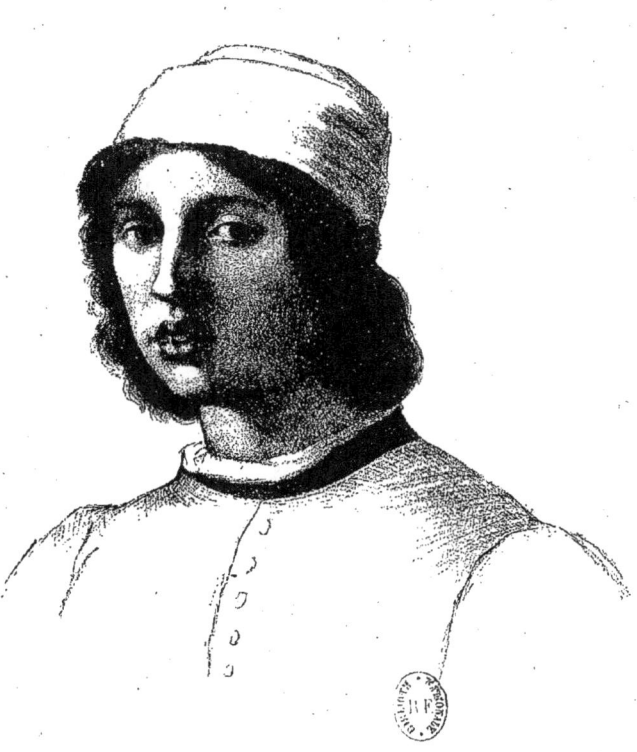

D'APRÈS LE PORTRAIT DE MASACCIO PEINT PAR LUI-MÊME

PL. IV

COURS ÉLÉMENTAIRE DE DESSIN PAR A. ÉTEX

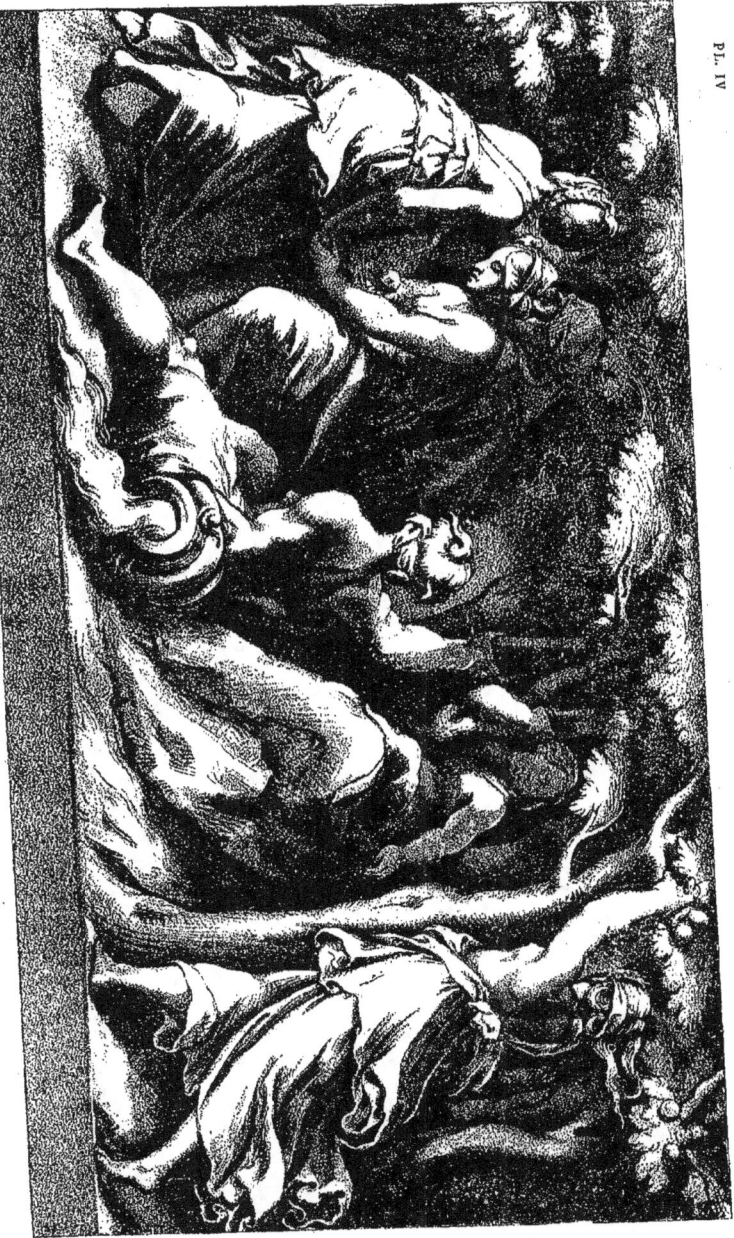

GRISAILLES DE POLLYDORE DE CARAVAGE

PEINTURE

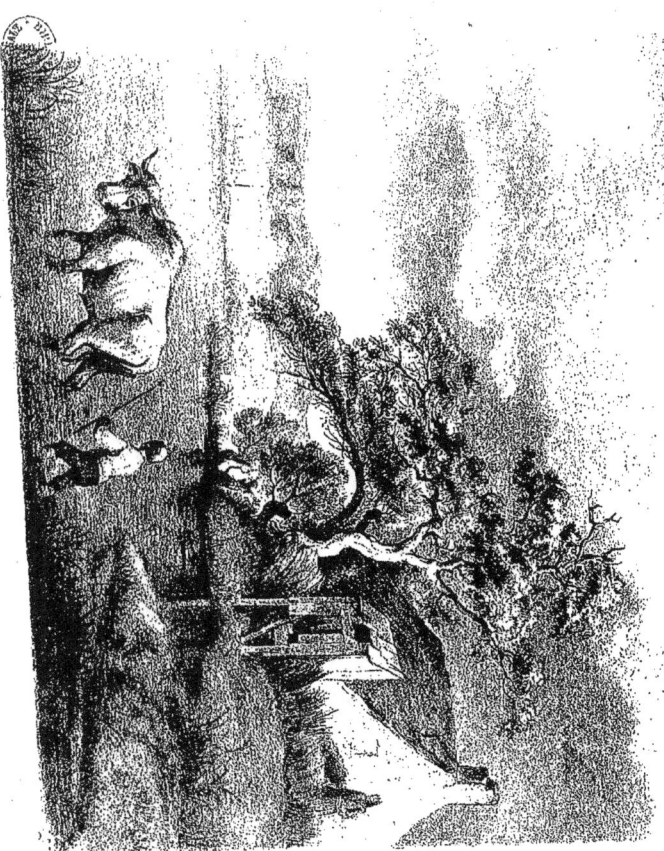

PL. V

COURS ÉLÉMENTAIRE DE DESSIN PAR A. ÉTEX

PEINTURE

PAYSAGE D'APRÈS RUISDAËL

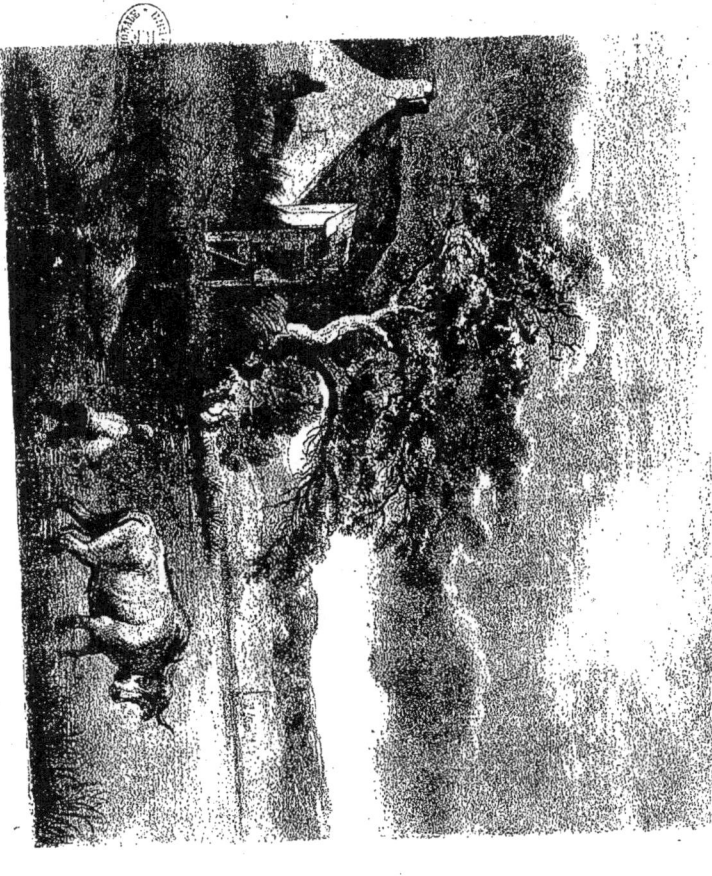

COURS ÉLÉMENTAIRE DE DESSIN PAR A. ÉTEX — PEINTURE

Pl. V bis

PAYSAGE D'APRÈS RUISDAËL

COURS ÉLÉMENTAIRE DE DESSIN PAR A. ÉTEX

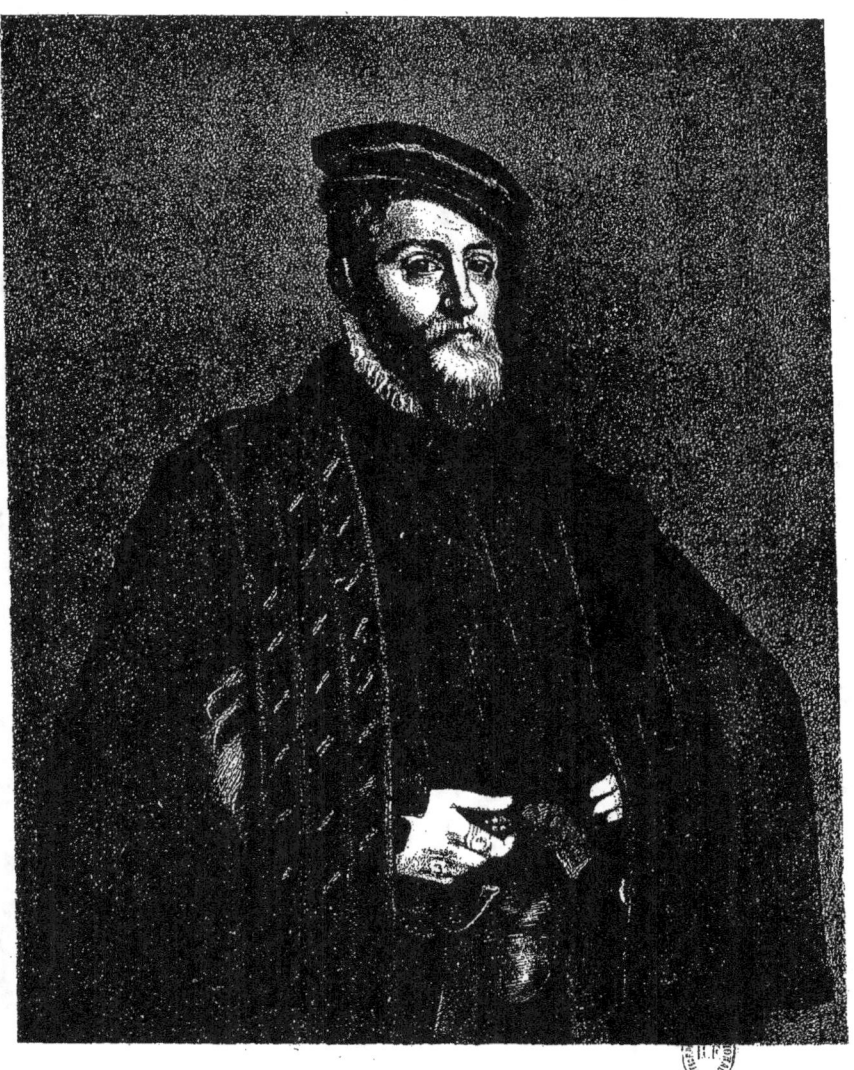

PORTRAIT D'APRÈS LE TITIEN

COURS ÉLÉMENTAIRE DE DESSIN PAR A. ÉTEX

PL. VII   PEINTURE

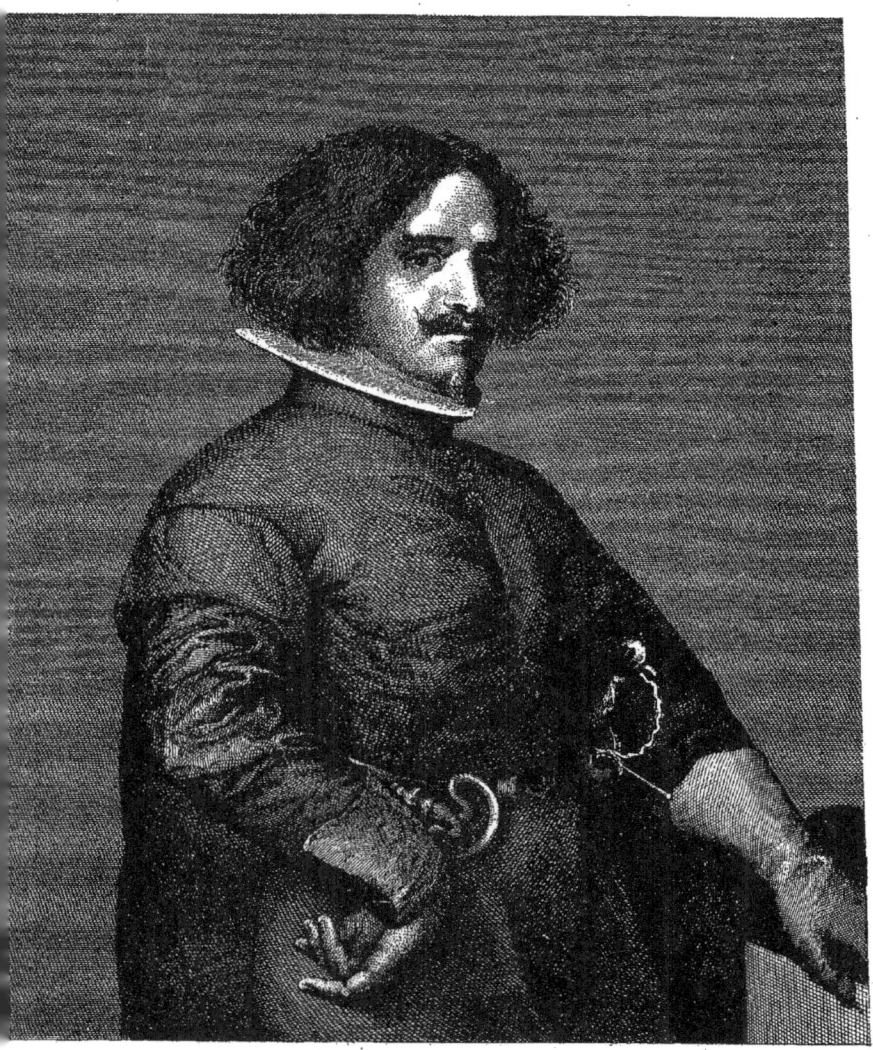

PORTRAIT DE VELASQUEZ PAR LUI-MÊME

COURS ÉLÉMENTAIRE DE DESSIN PAR A. ÉTEX

PL. VIII PEINTURE

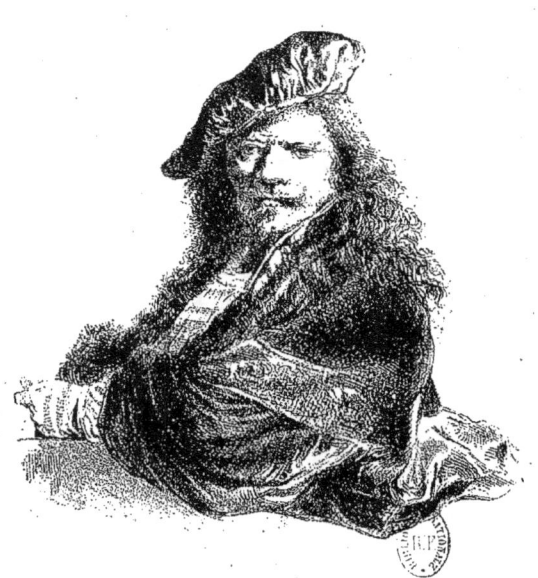

PORTRAIT DE REMBRANDT

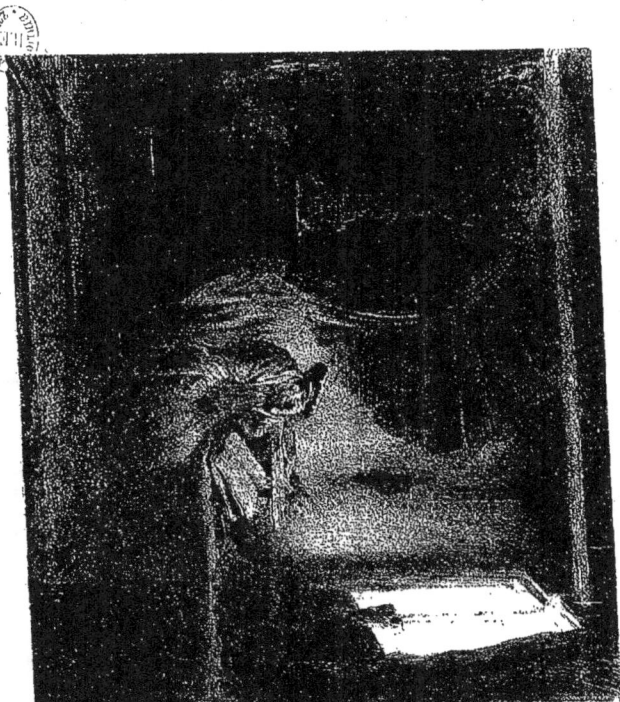

PL. VIII bis

COURS ÉLÉMENTAIRE DE DESSIN PAR A. ÉTEX

INTÉRIEUR DE REMBRANDT

PEINTURE

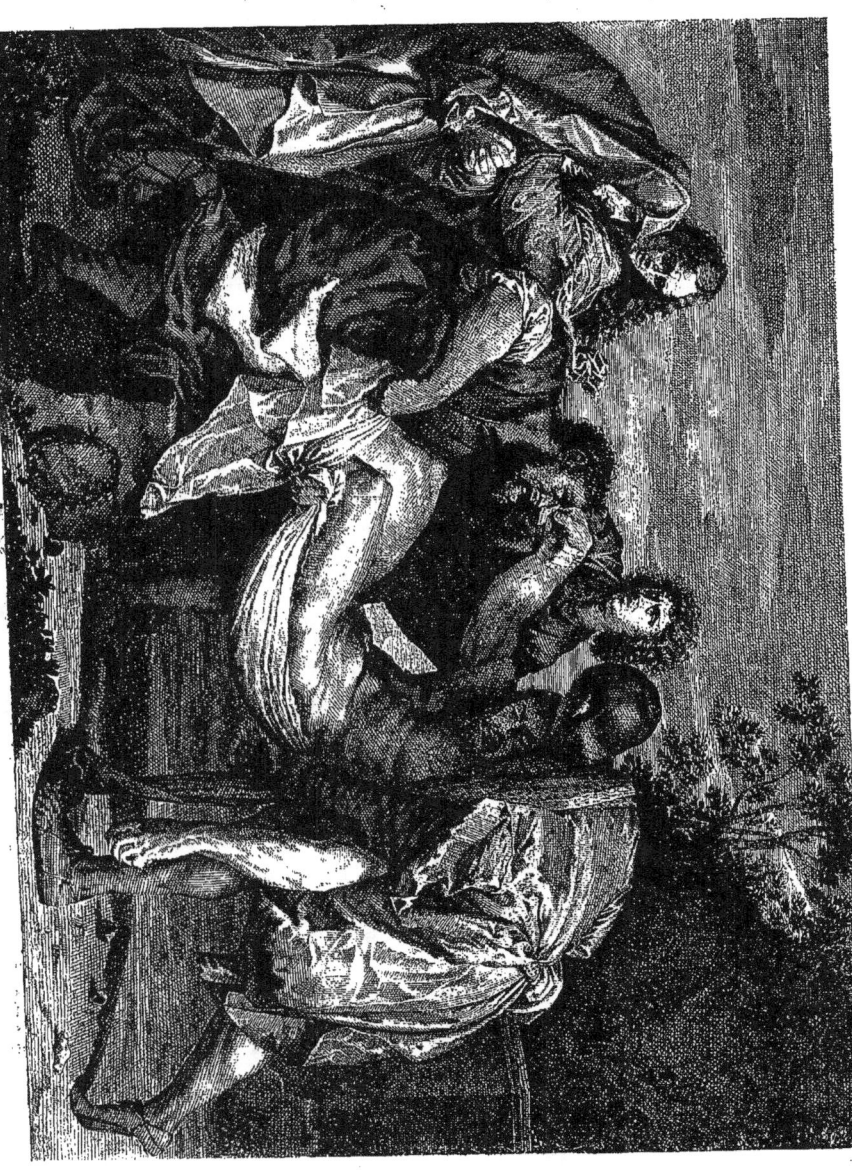

PL. IX

COURS ÉLÉMENTAIRE DE DESSIN PAR A. ÉTEX

PEINTURE

LE CHRIST AU TOMBEAU PAR LE TITIEN

PL. X

COURS ÉLÉMENTAIRE DE DESSIN PAR A. ÉTEX

PEINTURE

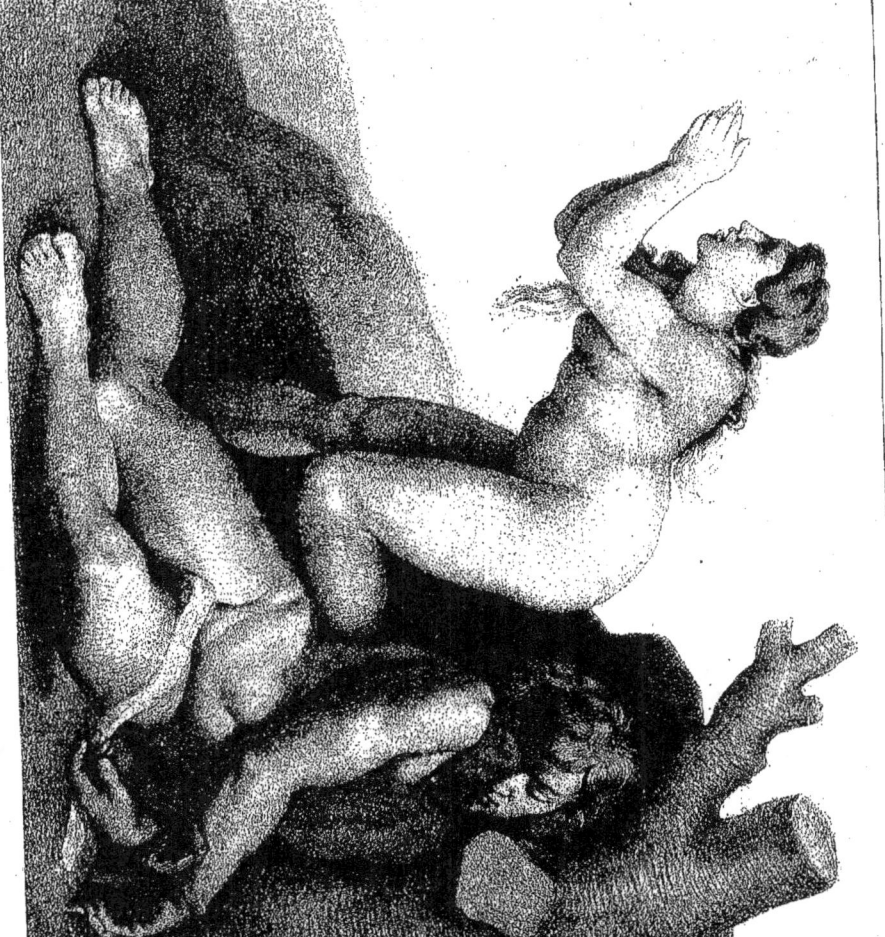

LA CRÉATION D'ÈVE D'APRÈS MICHEL-ANGE (PLAFOND DE LA CHAPELLE SIXTINE AU VATICAN)

PL. XI

COURS ÉLÉMENTAIRE DE DESSIN PAR A. ÉTEX

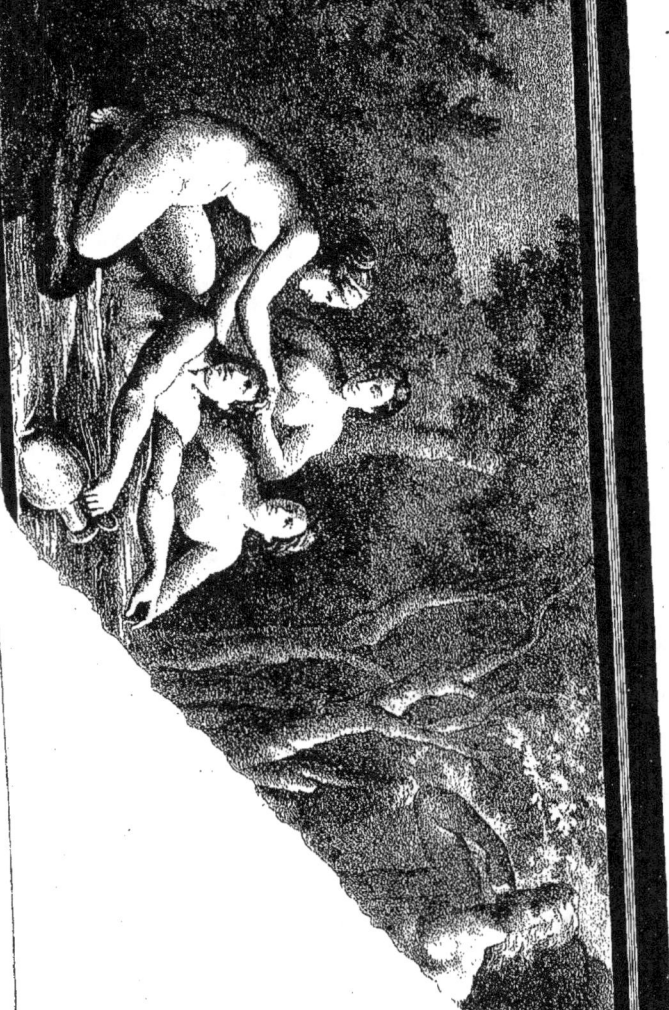

HYLAS ET LES NYMPHES (FRAGMENT DE PEINTURE ANTIQUE)

PEINTURE

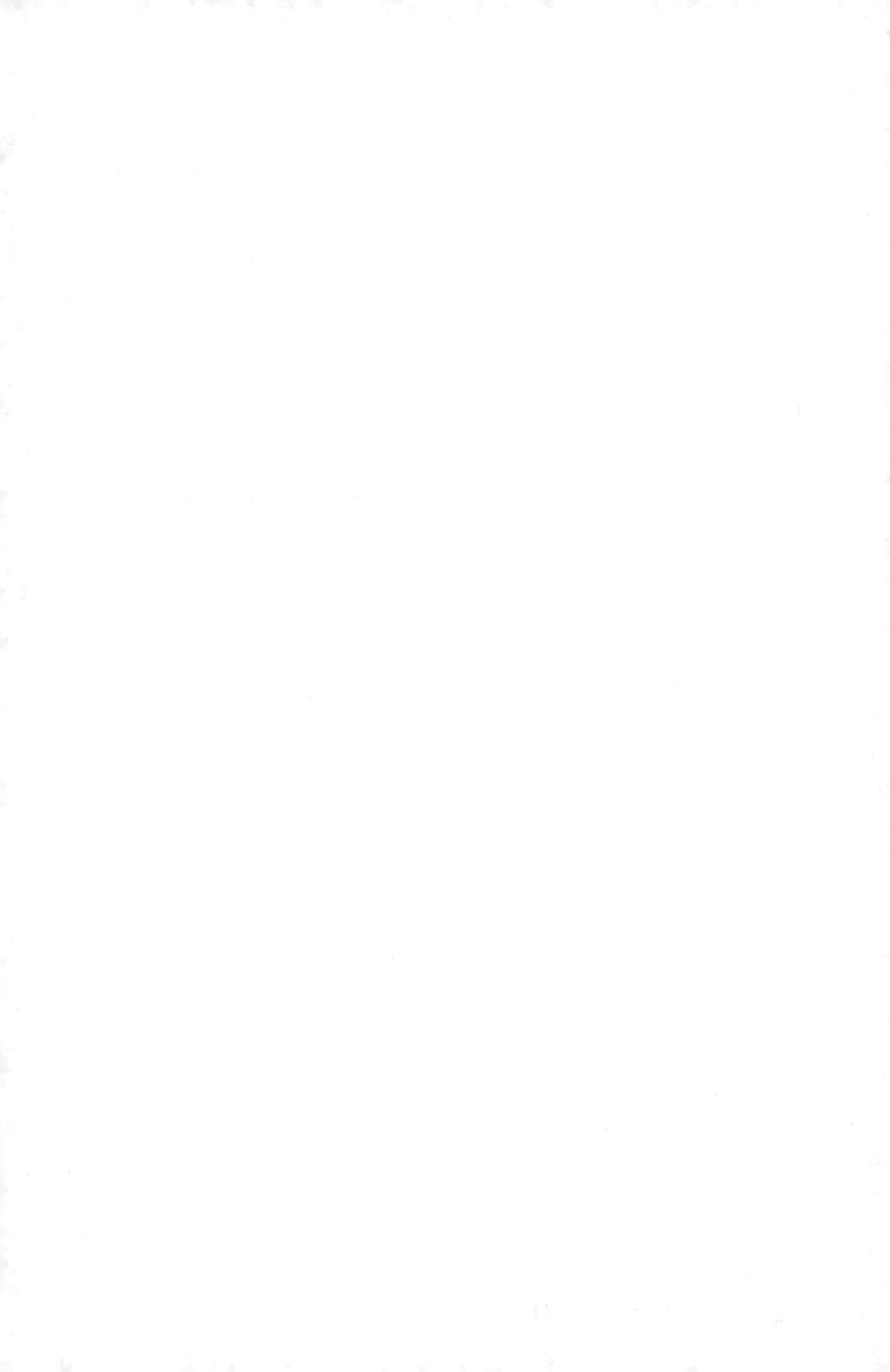

www.ingramcontent.com/pod-product-compliance
Lightning Source LLC
Chambersburg PA
CBHW052251220526
45471CB00001B/281